Hausgeschichten

Lebens(t)räume, Lebensart
in Sachsen, Thüringen und Brandenburg

Idee, Satz, Texte: Elke Börner
Redaktionelle Mitarbeit: Katrin Schädlich
Fotos: Elke Börner, Katrin Schädlich
Lektorat: Winnie Seifert, Chemnitz
Druck: Tschechien
www.landleben-creativ.de
ISBN: 978-3-00-025727-8

Inhalt

Haus-Geschichten

⌂ Haus als Schnittstelle zwischen Mensch und Natur 8
⌂ Gutshof zum Wohnen, Arbeiten und Feiern 14
⌂ Renaissance für alte Stadthäuser 22
⌂ Jagen, Kochen und Feiern mit Freunden 32
⌂ Charmanter Gasthof, liebevoll saniert und wiedereröffnet 36
⌂ Kleinod auf dem Lande mit Umgebindehaus und Laubengangscheune 40
⌂ Jagdhausromantik mit Kunst, Kultur und Hochzeitsfesten 44
⌂ Jugendstilideen mit Ginkgoblatt 48
⌂ Schatzkiste für Liebhaber alter Mühlentechnik 52
⌂ Leben im Wasserturm und Feiern in der Backsteinkirche 54
⌂ Neues Holzhaus mit Biotop auf altem Bauernhof 60
⌂ Mühle am Waldrand als Refugium für Künstler und Kreative 68
⌂ Musikhof auf dem Lande 72
⌂ Kreativladen mit besonderer Vergangenheit 80
⌂ Leben im Rinderstall und Kunst in der Milchkammer 84
⌂ Pflanzenfarben, Lehmbau und heilende Hände 88
⌂ Alte Bäckerei ganz neu mit Stuck, Holz und Naturfarben 92
⌂ Gemahlenes Korn, duftende Kräuter und frischer Kaffee 96
⌂ Weites Land und ein Teich zum Schwimmen 100
⌂ Taverne mit Muldenblick und alter Stadtmauer 104
⌂ Kochen im Stall und Feiern im Keller 108

Gärten

☼ Mit leichter Hand und Liebe zur Natur 112
☼ Heilen, Würzen und Dekorieren 114
☼ Wilde Kräuter und uralte Geschichten 118
☼ Der eigene Garten als Wohnung im Freien 122

Wohnen und Gestalten

⌂ Nostalgisches Interieur aus Eisen und Stahl 128
⌂ Mit Leidenschaft für den Sandstein und die Natur 132
⌂ Experimentieren und Akzente setzen 136
⌂ Großes Bergelager für Schätze der Baukunst 140
⌂ Auktionen für Altes und Antikes 146
⌂ Refugium für eine wundervolle Weihnachtswelt 150
⌂ Vom Zauber der Quilts und des Patchworks 156
⌂ Neue Polster für schöne alte Stücke 162
⌂ Möbel und Türen in neuem Glanze 166
⌂ Indisches Feuerwerk an Farben und Formen 170
⌂ Klein-Kanada mit Holz und Kerzen 174
⌂ Bleiglas-Zauber mit Sonnenflecken 178
⌂ Glasbläserei mit Tradition 182
⌂ Kunsthandwerk aus Holz und Wolle 184
⌂ Das, was wir mögen, in Szene setzen 186
⌂ Alt und Neu kombiniert 190
⌂ Flügel, Klaviere und Hausmusik 194
⌂ Und dann kam eine Nachbarin mit einer alten Kanne 198
Bezugsquellen 202
Bildnachweis 204

Einführung

Der Entschluss, Häuser zu fotografieren und über das Leben, Wohnen und Arbeiten in ihnen zu schreiben, ist aus meinem ersten Buch entstanden. Ich hatte kreative Frauen in Sachsen porträtiert und dabei auch deren Häuser und Wohnungen kennen gelernt, die allesamt einen besonders individuellen Stil hatten. Vom kleinen Bauernhaus, das man ganz in Weiß im schwedischen Stil eingerichtet hatte, war ich genauso beeindruckt, wie vom Atelier, von dem man weit über die Dächer der Stadt schauen konnte.

Wer wir sind, wie wir wohnen, leben und arbeiten, das hat etwas mit unserer Persönlichkeit zu tun. Ob bewusst oder eher intuitiv, mit der Zeit richten wir uns so ein, dass wir uns in unseren eigenen vier Wänden wohlfühlen. Und damit schaffen wir unweigerlich ein Abbild unserer Persönlichkeit, unserer Vorlieben und Lebensgewohnheiten. Da wir uns zeitlebens verändern und weiterentwickeln, braucht es auch in unserem Umfeld ständig eine Veränderung, die unserem neuen Ego gerecht wird. Diese bewusst wahrzunehmen und sich wertvolle Anregungen von Draußen zu holen, ist zum Ansinnen dieses Buches geworden. Es geht nicht nur um besonders schöne und interessante Gärten, Häuser und Einrichtungsideen, sondern auch um die damit verbundene Lebensart, in der sich unsere Lebens(t)räume widerspiegeln. Nicht zuletzt verändern wir uns auch mit unserem Umfeld, wir entwickeln neue Ideen und Visionen, wenn wir mehr Platz haben. Wir „blühen förmlich auf", wenn wir die Stube in leuchtenden Farben renoviert haben. Wir laden Freunde ein, weil der neue Holztisch vom Flohmarkt so groß ist, dass er einfach dazu auffordert, ihn mit Blumen und leckeren Speisen vollzustellen. Wir entspannen automatisch, wenn wir im Garten unter einem großen alten Baum sitzen, dessen Blattwerk im Sommerwind leise rauscht.

Dabei muss es gar nicht die ganz große Veränderung sein, die uns ein neues Lebensgefühl bringt. Oft beginnt dieses schon mit kleinen Dingen und Liebe zum Detail. Lassen Sie sich inspirieren von Leuten aus Sachsen, Thüringen und Brandenburg, die uns für dieses Buch ihre Häuser, Wohnungen, Gärten, Ateliers und Werkstätten geöffnet haben. Hinter jeder Hausgeschichte verbergen sich anregende Nutzungsideen. Vielfach wird über Eigentümer berichtet, die das Wagnis vom Um- und Ausbau eines charmanten alten Hauses unternommen haben und dafür mit einem ganz neuen Lebensgefühl reich belohnt worden sind.

Unter „Hausgeschichten" werden Häuser, deren Eigentümer und damit verbundene Nutzungsvarianten vorgestellt. Unter „Wohnen und Gestalten" finden Sie interessante Anregungen zum Einrichten in den eigenen vier Wänden. Das Leben in der Natur vor dem Haus wird unter „Gärten" behandelt. Immobilien im Osten Deutschlands waren noch nie so preiswert wie heute. Nicht zuletzt haben wir deshalb Beispiele von Häusern eingefügt, die noch auf einen neuen Eigentümer warten. Es liegt in der Natur der Sache, dass sich die Themen auch überschneiden. Jedes einzelne kann Anregungen zu mehreren Bereichen enthalten. Wenn Sie wissen möchten, wo Sie die eine oder andere Idee finden, können Sie zum jeweiligen Kontakt im Abspann unter „Bezugsquellen" nachlesen. Beim Stöbern und Schmökern wünsche ich Ihnen viel Spaß.

Elke Börner
Kreativwerkstatt und VLC Verlag

Hausgeschichten

Ob kleines Bauernhaus, großer Gutshof, alte Mühle oder chice Stadtwohnung, eines haben sie alle gemeinsam: Die hier vorgestellten Lebens(t)räume sind mit viel Aufwand, Liebe zum Detail und Gespür für die vorhandene Bausubstanz umgebaut und gestaltet worden. Entstanden sind individuelle Refugien, die den Nutzern genau den Lebensraum bieten, der nötig ist, um die eigenen Lebenspläne in die Tat umsetzen zu können.

Vorgestellt werden die Eigentümer oder Bauherren der Häuser und deren Lebensgeschichten, die immer auch mit ihren eigenen vier Wänden zu tun haben. In jeder einzelnen Hausgeschichte stecken anregende Nutzungs- und Gestaltungsideen und interessante architektonische Lösungen.

Haus als Schnittstelle zwischen Mensch und Natur

Oben: Mit viel Holz und Kletterpflanzen ist der Eingang zum Wohnhaus gestaltet. Der Architekt und Baubiologe Ralf Pörschke lebt hier auf einem großen Hof bei Wilsdruff, den er zu Wohnzwecken um- und ausgebaut hat. Für ihn sind natürliche Materialien und traditionelle Lehren von Natur und Umwelt wichtig.

Rechts: Im ersten Stock hat der Architekt sein Arbeitszimmer, das direkt auf einen hölzernen Balkon mündet. Von diesem hat er einen wunderschönen Blick auf den Hof, die angrenzende Scheune und die uralten Bäume, die rings um den Hof stehen.

Es sollte eigentlich eine kleine Kommune werden, die Ralf Pörschke vor Jahren zusammen mit Familie und Freunden gründen wollte. Mit dem Erwerb des Hofes in Helbigsdorf bei Wilsdruff zerschlugen sich die Pläne aber wieder. Seine Idee vom natürlichen Wohnen auf dem Lande setzte der Architekt trotzdem in die Tat um. Auf dem Standort des früheren Stalles baute er ein Wohnhaus, das ihm den perfekten Platz zum Leben und Arbeiten bietet, sich harmonisch in die ländliche Umgebung einfügt und durch seine besondere Heiztechnik und Architektur Energie sparen hilft.

Wert gelegt hat der Bauherr vor allem auf natürliche Materialien und eine möglichst autarke Versorgung mit Rohstoffen aus der Natur. Zudem ist er ein Verfechter fernöstlicher Lehren. So wie im Feng Shui jedem Gegenstand eine bestimmte Symbolik zugeordnet wird, erlaubt es die Lehre des "Global Scaling", den Entwurf eines Hauses so zu optimieren, dass es auf die Lebensumstände und Eigenheiten seiner Bewohner optimal zugeschnitten werden kann, schildert er.

Entscheidend seien vor allem Architektur und Standort eines Bauwerkes, das als dritte Haut oder als Schnittstelle zwischen Mensch und Universum betrachtet wird. Fasziniert ist der Architekt von der uralten indischen Lehre des „Vastu", mit welcher die Grundlage für das heutige Feng Shui gelegt worden ist.
Viele der vor Jahrtausenden aufgestellten Gesetzmäßigkeiten sind heute konkret messbar und funktionieren, versichert er. Wer so baue, müsse allerdings Prioritäten setzen, weil sich nicht immer alle Wünsche unter einen Hut bringen lassen.

Rechts: Im Arbeitszimmer des Architekten bestimmen alte Möbel vom Großvater und viele Bücher die Einrichtung.

Mitte rechts: Im Inneren des mehrstöckigen Wohnhauses dominieren Holz und mit Naturmaterialien verputzte Wände.

Die Etagenflure sind zentral im Hausinneren gelegen und bis in das obere Stockwerk geöffnet. Die großzügige Architektur verschafft ein Gefühl von Licht, Luft und Freiheit und gestattet den Blick bis in die Dachspitze.

Von hier aus führen alle Türen in die einzelnen Zimmer des Hauses. Diese Anordnung soll die Kommunikation unterstützen.

Rechts unten: Das Segelschiff im Flur setzt einen Farbakzent zum Goldton der Hölzer und unterstützt das Gefühl von Weite.

Links: Blick auf den Holzplatz hinter dem Haus mit Birkenstämmen für die Holzfeuerung.

Unten: Durch die Öffnung des Wohnhauses nach Süden hin kann die Sonnenwärme optimal gespeichert werden.

Rechts oben: Das Dach seines Holzschuppens hat Ralf Pörschke begrünt. Moose und Stauden dürfen hier direkt auf der Dachpappe wachsen. Gleich daneben liegt der Bauerngarten mit Blumen, Gemüse und Kräutern.

Rechts unten: Zum Wohnhaus gehört eine große Scheune, die als zusätzlicher Stauraum genutzt wird.

Berechnungen im feinstofflichen Bereich sind jedoch nicht allein entscheidend, wenn es ums Wohnen und Wohlfühlen geht. Das Leben in der Natur verlangt einen durchdachten Umgang mit bestehenden Ressourcen. Ralf Pörschke heizt mit Holz und hat viele Klafter auch schon selber mit Familie und Freunden im Wald geschlagen. Ein Holzspalter neben dem Schuppen hinter dem Wohnhaus hilft ihm dabei, die Stämme zu zerkleinern. Wenn er wenig Zeit hat, lässt er sich das Holz auch antransportieren. Unterstützt wird die energiesparende Art des Heizens durch Solarmodule auf der Südseite des Wohnhauses und ungedämmte Ziegelmauern, die Sonnenwärme gut speichern können. Daneben fangen große Fenster die natürliche Wärme ein. Seitengebäude wie die große Scheune sind ein zusätzlicher Wetter- und Kälteschutz.

Links: Die Sitzecke vor dem Haus ist direkt unter dem von Wein und Rosen bewachsenen Balkon eingerichtet. Sie bietet durch die Überdachung nicht nur ausreichend Schatten im Sommer, sondern auch eine romantische Aussicht auf die benachbarte Scheune.

Innen- und Außenbereich sind durch ein hölzernes Podest verbunden, auf dem runde Korbstühle, ein Tisch und eine Sitzbank zum Verweilen einladen.

Das verbaute Holz ist unbehandelt geblieben und harmoniert mit seiner silbergrauen Farbe, die es mit der Zeit durch Sonne, Wind und Wetter angenommen hat, perfekt mit dem Kopfsteinpflaster des angrenzenden großen Hofes.

Tipp des Architekten: An welchem Platz auf unserem Grundstück wir uns am meisten wohlfühlen, darüber entscheiden nicht nur rein ästhetische Gesichtspunkte. Auch der Standort ist wichtig. Nach Feng Shui gibt es auf jedem Areal mehr oder weniger geeignete Plätze zum Verweilen.

Wo die sich befinden, darüber können beispielsweise Haustiere wertvolle Informationen liefern. Während Katzen sich mit Vorliebe an Plätzen aufhalten, die für den Menschen eher ungeeignet sind, suchen Hunde ganz intuitiv einen Ort zum Relaxen aus, der dem Wohlbefinden des Menschen am meisten entspricht.

Informationen über eher ungünstige Plätze geben aber auch Büsche und Bäume, die bei magnetischen Veränderungen durch ihren ungewöhnlich gedrehten Wuchs auffallen. Derartige Störungen unterirdischer Magnetfelder kann man auch bei einem ausgedehnten Spaziergang durch Feld, Wald und Flur beobachten.

Links: Sein Trinkwasser im Glasballon holt sich der naturverbundene Architekt direkt von einer Quelle aus dem Wald.

Rechts: Der mit Ziegelsteinen gemauerte Herd ist das Herz in der Küche. Mit ihm kann man nicht nur heizen, das Kaffeewasser warm machen und Essen kochen, sondern im Inneren des Gusskörpers auch prima backen. Eine gemauerte Ofenbank lädt zum Verweilen ein.

Unten: Blick in die Küche des Hauses. Besonders gemütlich wird es, wenn an kalten Tagen auch die Wände warm sind, weil Pörschke Heizschlangen unter dem Putz verlegt hat. Wie auch im übrigen Haus dominieren hier die warmen Goldtöne der Hölzer.

Großer Gutshof zum Wohnen, Arbeiten und Feiern

Oben: Der Eingang zum Architekturbüro des Dachselhofes in Ziegenhain mit breiter Treppe und Sandsteinportal zeugt heute noch vom Reichtum der Erbauer, den früheren "Sammetbauern" der Lommatzscher Pflege.

Rechts: Im einstigen Herrenhaus hat der Architekt Michael Thiel Büro und Wohnung eingerichtet. Außerdem leben dessen Großmutter und Vater sowie einige Mieter mit im mehrstöckigen Gebäude.

Auch der Südflügel (links im Bild) ist vermietet. Eine große Linde beschattet nach alter Tradition Haus und Einfahrt.

Sein Plan war es eigentlich nicht gewesen, einen so großen Hof zu erwerben aber das Schicksal hat es so gewollt: "Ich war auf der Suche nach einem Fachwerkhaus für mich und meine Familie und wollte gern in meinem Heimatdorf bleiben", schildert Michael Thiel seine ersten Bemühungen um ein eigenes Zuhause vor Ort. Irgendwann hatte man ihm gesagt: "Da kaufst du eben den Dachselhof". Seitdem war ihm diese Idee nicht mehr aus dem Kopf gegangen. Um das große Projekt wirtschaftlich zu gestalten, tagte der Familienrat. Zusammen mit Vater und Bruder entschloss sich der Architekt dann für den Kauf des früheren LPG-Gutes.

"Seit 50 Jahren hatte keiner mehr etwas an den Gebäuden erneuert", beschreibt er den traurigen Zustand des 1850 erbauten Hofes, dessen wechselvolle Geschichte an der Bausubstanz nicht spurlos vorübergegangen war. Die große Scheune musste vor dem Eigentümerwechsel abgerissen werden, weil sie sonst eingestürzt wäre. Die übrigen Häuser hat Thiel in den Folgejahren schrittweise saniert, immer mit dem Blick für die traditionelle Vergangenheit, typische Materialien und Fertigungsarten, die vor Ort üblich waren. Die Instandsetzung war entsprechend aufwändig. Der Eigentümer hat dabei selbst kräftig mit Hand angelegt. Und er hat auch dafür gesorgt, dass hier eine Gemeinschaft entstanden ist. "Irgendwann hatte ich es satt, in die Stadt zu fahren, um etwas zu erleben. Da habe ich mir die Kultur aufs Land geholt", erzählt er. Im ehemaligen Rinder- und Pferdestall ist ein Domizil für kulturelle Events entstanden. Hier kommen heute an die 150 Gäste unter. Neben Kabarettabenden gibt es auch traditionelles Landkino und gemütliche Grillfeste für die Bewohner, "weil gemeinsame Erlebnisse einfach zusammenschweißen".

Oben: Michael Thiel lebt mit Familie in seinem Heimatdorf. Zum Wohnen gehören für ihn auch soziale Kontakte sowie Kunst und Kultur, die der Architekt hier neu belebt hat.

Unten: Der Hausflur des früheren Herrenhauses mit Stuck, verzierten Holztüren und Fußbodenkacheln ist nach der Sanierung im Original erhalten geblieben. An der Decke hängt eine große Erntekrone, die Thiels Großmutter nach traditioneller Art von Hand gewunden hat. Eine alte Truhe rundet das Ensemble ab.

Mit der Herausforderung, ein denkmalgeschütztes Anwesen zu sanieren, könne man heute gelassener umgehen, als gemeinhin gedacht, versichert der Architekt. “Viele denken, dass in einem alten Haus Veränderungen wie beispielsweise größere Fenster oder ein Wintergarten nicht möglich sind, erzählt er. Die strengen Auflagen von einst seien heute gelockert zugunsten der Nutzungsidee und Werterhaltung, ohne die solche Grundstücke keinen Käufer mehr finden und verfallen würden. Rat des Fachmannes: Vor dem Kauf nicht nur die romantische Immobilie mit der spontanen Idee in den Vordergrund stellen, sondern am Detail arbeiten und ganz bewusst die eigenen Ziele definieren.

Wichtig sei in jedem Fall, wie der Platz zum Leben und Arbeiten aussehen und auf welche Art einzelne Gebäudeteile genutzt werden sollen. Für die wirtschaftliche Gestaltung eines solchen Projektes könne die Vermietung von Räumen in Erwägung gezogen werden. An Kinder oder Enkelkinder zu denken, die ein schön saniertes Landhaus vielleicht übernehmen werden, hält Falk Thiel für zu vage, um zu investieren. Nur dann, wenn man selbst Interesse hat und weiß, was man mit einer Immobilie bezweckt, könne das Ganze auch funktionieren.

Rechts: Die Holztüren im Haus sind mit aufwändigen Schnitzereien verziert.

Mitte rechts: Vom Alter des Hofes zeugen die Jahreszahlen der damaligen Erbauer und heutigen Eigentümer, die zusammen in eine Sandsteinplatte eingemeißelt und in den Giebel eingesetzt wurden.

Unten: Blick in den Hausflur in der oberen Etage des Herrenhauses. Das offene Fachwerk lässt Licht und Luft in den großen Raum, von dem mehrere Türen in die angrenzenden Räume führen.

Alte Möbel und ein Stillleben komplettieren das gediegene ländliche Interieur. Ein kleiner weißer Schrank mit modernem Bild sorgt hier für Ausgewogenheit zwischen Tradition und Moderne.

Viel Arbeit steckt in liebevollen Details, die einen alten Gutshof erst authentisch erscheinen lassen. Manche Besonderheiten der alten Bausubstanz kommen erst ans Tageslicht, wenn man selbst Hand anlegt. So hat Thiel bei Bauarbeiten ein altes Wandbild entdeckt, das wahrscheinlich noch aus der Zeit der Erbauer des Gutes stammt. Die nostalgische Truhenbank mit Intarsien und Drechselarbeiten passt perfekt dazu und lädt direkt unter dem Bild zum Verweilen ein.

Mit einem Historiker hat sich der Architekt über die mutmaßliche Art der Entstehung ausgetauscht. Da auf dem Bild eine Landschaft mit südlichem Flair zu sehen ist, kann es sich eigentlich nur um ein Phantasiebild handeln, so die Mutmaßung. Früher haben Mägde oder Knechte des Hauses ihre kreative Seite oft mit Pinsel und Farbe ausgelebt.

Wunderschöne Vertäfelungen und Schnitzereien, die im ganzen Haus auf Fensterläden und Türen erhalten geblieben sind, mussten erst mühsam von alter Farbe befreit werden. Thiel hat dafür das Abbrennen von Hand mit einer Heißluftpistole gewählt.

Interessant ist die Variante der Innen-Fensterläden, die allesamt gut erhalten geblieben sind. Einen hat der Eigentümer sogar in einer umbauten früheren Außenwand gefunden. Man hatte einfach den Fensterladen zugemacht und eine neue Mauer davor gesetzt, erzählt er.

Rechts: Ein altes Wandbild in zarten Pastelltönen hat der Architekt bei der Restaurierung des oberen Stockwerkes unter alten Farbschichten gefunden und vorsichtig freigelegt.

Unten: Blick auf einen verzierten "Innen-Fensterladen" im Büro des Architekten im Erdgeschoss.

Linke Seite: Durch das Öffnen einer Trennwand ist ein großzügiges Wohn- und Esszimmer entstanden. Die schönen alten Möbel hat Thiel von einem Freund abgekauft. Das in Grün gestrichene Holz der Fenster, metallene Gardinenstangen und zartgelbe Vorhänge geben dem Ganzen die nötige Leichtigkeit. Der Deckenleuchter mit Glasprismen setzt einen passenden Akzent.

Links oben: Thiels Frau Nicole mit Söhnchen Julius. Eigentlich könnte man den Dachselhof mit seinen Besitzern auch als Mehrgenerationenhaus bezeichnen, leben doch Vater und Großmutter gemeinsam mit der jungen Familie im selben Haus.

Dass dies gut funktioniert, sei dem "Zwei-Türen-Prinzip" zu verdanken, erklärt der Architekt. Jeder müsse seinen eigenen abgeschlossenen Bereich haben, in den er sich zurückziehen kann. Vater und Großmutter genießen die Anwesenheit des kleinen Enkelsohnes. Die jungen Eltern sind froh, ab und an jemanden zum Aufpassen zu haben.

Rechts unten: Im angrenzenden Wohnbereich wollte die Familie trotz vieler antiker Stücke nicht auf moderne und bequeme Sitzmöbel verzichten und hat dafür neutrales Weiß gewählt.

Links oben: Bis auf den letzten Winkel ist der Südflügel des Dachselhofes bewohnt. Früher waren hier der Speisesaal der LPG und die Küche untergebracht. Durch die Südlage scheint fast den ganzen Tag die Sonne in die Räume.

Ein großer Teil der Wohnungen hat Balkone. Die Fußböden sind gedielt, eine Hommage an das naturverbundene Landleben, die von den Bewohnern gern angenommen worden ist. Wohltuend wird auch das Holz der Balkone empfunden, das gut zum ländlichen Ambiente passt und hier einmal unbehandelt von der Sonne sein eigentliches Silbergrau annehmen darf.

Das obere Stockwerk wurde mit Schiefern verkleidet. Im unteren Bereich sorgen Glastüren für die entsprechende Freiheit, je nach Wunsch das Leben in den Räumen mit der Natur draußen zu verbinden.

Mitte links: Was wie eine wildromantische Ruine mit altem Baumbestand aussieht, gehörte früher einmal zur Giebelwand einer großen Scheune. Das marode Bauwerk stürzte noch vor der Sanierung ein und wurde abgerissen.

Unten: Das Portal zum ehemaligen Kellergewölbe des Hofes übernimmt heute eine dekorative Funktion. Der alte Keller war leider eingebrochen und musste verfüllt werden.

Oben links: Sandstein, der von den ehemaligen Bauern als Baumaterial favorisiert wurde, ist in allen Varianten auf dem Gut zu finden. So wurde unter anderem auch der große Wassertrog vor dem Haus von Hand aus dem weichen Material behauen.

Bildhintergrund: Auch Türeinfassungen und Säulen im früheren Rinder- und Pferdestall sind aus Sandstein gemeißelt. Thiel nutzt den fast klösterlich anmutenden großen Raum für Theater- und Kabarettaufführungen, die er aus der benachbarten Großstadt nach Ziegenhain holt.

Rechts oben: In einer Ecke des Stalles steht eine wunderschöne alte Glocke, die im Hof erst noch ihren Platz finden soll.

Renaissance für alte Stadthäuser

Oben: Den Sitz seiner Firma hat der Bauunternehmer Sven Weißflog in einer früheren Möbelfabrik der Stadt Döbeln eingerichtet. Im Seitengebäude sollen in den kommenden Jahren Loftwohnungen entstehen.

Rechts: Blick in einen Friseursalon, der in einem der sanierten Stadthäuser eingerichtet ist. Weißflog hat hier einen Mix aus Tradition und Moderne gewagt und damit interessante Akzente gesetzt.

Der Salon wird von Bruchsteinen, Holz und Klinkern dominiert, welche zum Blickfang in den weiß verputzten Wänden werden. Für mehr Helligkeit ist ein großes Oberlichtfenster eingesetzt worden.

Unten: Die zart violette Fassade mit Fenstern in Pink und Mintgrün sorgt für Aufmunterung im sonst eher einheitlichen Stadtbild.

Sonne scheint durch das Glas des Wintergartens. Große Türen stehen offen und geben den Blick in den Park und auf die alte Stadtmauer frei. Dicke Stahlträger leuchten in Gelb, Ocker und Blau. Barockspiegel in hohen Nischen werfen das einfallende Licht zurück. Hier und da sind alte Mauerreste mit Bruchsteinen und Klinkern noch sichtbar.

In einem der ältesten Häuser seiner Heimatstadt hat der Döbelner Bauunternehmer Sven Weißflog mit seiner Lebensgefährtin einen Friseursalon eingerichtet. Eine ungewöhnliche Komposition aus Alt und Neu ist durch den Umbau entstanden. Neben verputzten Wänden gibt es raue und kantige Bruchsteinmauern, kräftige Farbenspiele der Trägerkonstruktion und des Mobiliars und als Kontrast dazu ein großes modernes Oberlichtfenster sowie glatte Marmor- und Glasflächen.

Weißflog geht es darum, den Charme der alten Immobilien zu erhalten und mit einer persönlichen Note zu versehen. Wie ein Schatzsucher "gräbt" er die uralten Kleinode seiner Heimatstadt aus, die verfallen, grau und unscheinbar hinter Staub, Putzschichten und alter Farbe stecken. Eine Begegnung mit traditioneller Architektur, die Respekt erfordert und am Anfang recht unspektakulär vonstatten geht.

"Meist sind beim ersten Besichtigungstermin nur dunkle Kammern oder lange Flure da, in die kaum natürliches Tageslicht fällt", erzählt er. Mit einer Taschenlampe werden Ideen geboren, die später einmal mit der Freilegung uralter Mauern enden. Mitunter sei es gar nicht so einfach, sich zu einem solchen Zeitpunkt schon vorzustellen, wie künftiges Wohnen, Leben und Arbeiten aussehen könnte. Vorsichtig müsse man vor allem zu Werke gehen, um überformte Bausubstanz zu erahnen und dann Stück für Stück freizulegen.

Oben: Blick in den Friseursalon. Neben weiß verputzten Wänden sind alte Nischen und Mauern sichtbar geblieben.

Rechts: Öffnet man die Glastüren am Ende des Raumes, kann man vom Salon direkt in den Garten blicken. Der Teich ist neu angelegt worden. Die alte Bruchsteinmauer hinter den hohen Bäumen zeugt vom ehrwürdigen Alter des Stadtteiles.

Linke Seite und rechts oben: Ein farbenfroher Mix aus Tradition und Moderne ist durch einen Anbau aus Glas und Stahl entstanden. Friseure und Kunden können den Blick aus den großen Fensterflächen in den Park hinter dem Haus genießen. Verglaste „Zeitfenster“ im Fußboden geben den Blick auf das uralte Pflaster des ursprünglichen Bodenniveaus frei. Stuhl und Spiegel in der steinernen Nische passen perfekt zu den warmen Farben der Stahlträger. Der Rundbogen der früheren Fensteröffnung ist so belassen worden, wie er war.

Unten links: Friseurstillleben mit den Trockenhauben des Salons unter einem der alten, steinernen Gewölbebögen.

Unten rechts: Passend zum übrigen Umfeld ist der Tresen am Eingang ebenfalls aus Natursteinen errichtet worden. Die polierten Granitplatten bilden einen reizvollen Kontrast zur rauen Struktur des Unterbaues.

Oben: Das Nachbarhaus beherbergt einen Laden für französische Spezialitäten. Früher gab es hier eine große Rauchküche, deren altes Gewölbe auch nach dem Umbau sichtbar geblieben ist. Neben verputzten und gelb getünchten Wänden sind „Haut und Knochen" des mehrere Jahrhunderte alten Stadthauses mit Naturstein- und Ziegelmauern freigelegt worden. Die alte Bausubstanz bildet heute den Blickfang im Bistro, das direkt unter dem alten Gewölbe eingerichtet worden ist.

Rechte Seite: In den rustikalen Räumen sind Nischen und bogenförmige Durchgänge erhalten, die für Gemütlichkeit sorgen und sich hervorragend zum Dekorieren eignen.

Auch das alte Rittergut am Stadtrand hat der Bauunternehmer erworben und saniert. Das große Anwesen mit seinen dicken Bruchsteinmauern, Kreuzgewölben und einem großen Park mit Teich war vor dem Kauf marode und sanierungsbedürftig. Zudem hat es eine recht wechselvolle und teils dramatische Geschichte hinter sich. Einst als Adelssitz erbaut, war hier später das Gericht der Stadt untergebracht, in dem vor Ort Urteile gefällt und die Täter kurz danach zum benachbarten Galgenberg abgeführt wurden. Im vergangenen Jahrhundert bewirtschaftete dann ein Landwirt den großen Hof. Dessen Sohn lebt heute in der Nachbarschaft. Die Treuhand verkaufte das große Anwesen an Weißflog, der hier vor Jahren eigentlich seinen Firmensitz einrichten wollte. Heute sind die Räume zu Wohnzwecken um- und ausgebaut und bis unter das Dach vermietet.

Linke Seite: Der Eingang zum heutigen Rittergut. Ein Kompromiss zwischen traditionellem Baustil und modernem Wohnen sind die Solarzellen auf dem Dach. Preiswerte Sonnenenergie wird gewonnen, um den heutigen Bewohnern moderate Mietpreise anbieten zu können.

Im Erdgeschoss gibt es dicke Bruchsteinmauern und imposante Kreuzgewölbe. An die Räume, die auf der Parkseite liegen, ist ein Wintergarten angebaut worden, der die Natur ins Haus holt.

Auch das Dachgeschoss, die frühere Kornkammer des Hauses, ist vermietet. Trennwände wurden entfernt. Holzbalken und schräge Wände sorgen für Gemütlichkeit (folgende Seiten).

Rechts: Blick in den Hausflur des Rittergutes im ersten Stockwerk mit alten schmiedeeisernen Geländern und Lampen in antikem Stil. Polierte Marmorplatten und ein dezenter Anstrich in Pastellfarben runden das edle Ambiente ab. Im Erdgeschoss gibt es alte Holztüren und eine Holzvertäfelung, die nach altem Vorbild restauriert worden sind.

Ines Stefanowski lebt mit Sohn Willy und Hund Helmut unter dem Dach in der ehemaligen Haferkammer des Rittergutes. Die Krankenschwester hat ein ganz besonderes Verhältnis zu ihrem Umfeld, weil sie viele Jahre in unmittelbarer Nachbarschaft des Hauses gelebt hat. “Auf dem Teich sind wir im Winter Schlittschuh gelaufen. Auf dem Hof war immer viel los. Tiere wurden abtransportiert und wir waren oft da, weil wir von den Fahrern Kaugummi oder Schokolade geschenkt bekamen”, erinnert sie sich.

Linke Seite: Früher wurde hier das Korn des Rittergutes gelagert, heute sind die Dachkammern bewohnt. Die rustikale Umgebung verträgt sich gut mit Möbeln, wie der modernen Küche. Durch das Entfernen einer Trennwand ist ein großzügiger Raum entstanden, der Küche und Wohnstube verbindet.

Oben: Ines Stefanowski mit ihrem Hund Helmut.

Rechts: Die Krankenschwester liebt alte Möbel und ausgefallene Sammlerstücke. Schrank und Stuhl sind Flohmarktfunde beziehungsweise Geschenke von Freunden und passen gut zur Wohnumgebung.

Das historische Umfeld hat die kreative Frau inspiriert. Aus einem dicken Brett, das direkt an der Eingangstür steht, hat sie ihre eigenen Fußabdrücke geschnitzt.

Jagen, Kochen und Feiern mit Freunden

Oben: Das Backhaus im Gutshof von Axel Jungk ist noch im Original erhalten und wird oft genutzt. Die alte Ofentür hat der Eigentümer selbst restauriert.

Rechts: Die große Küche ist nach alter Tradition mit einem gusseisernen Herd ausgerüstet, der mit Holz befeuert wird. Zum Zubereiten des selbst erlegten Wildes benötigt der leidenschaftliche Jäger eine Auswahl geeigneter Küchenmesser.

Seinem erlernten Beruf geht der Silberschmied – unten ein von ihm aufwändig restauriertes mongolisches Trinkgefäß in Silber und Wurzelholz – nur noch selten nach. Seit 1992 saniert er zusammen mit seinen Angestellten alte Häuser und antikes Interieur.

Es mag der Wunsch nach einer besonderen Lebensart gewesen sein, der Axel Jungk nach Ostrau im Muldentalkreis verschlagen hat. Überall in der Welt herumgekommen, hat der Silberschmied und Restaurator vor Jahren seinen Gutshof erworben. Gebäude und Ländereien gehörten einst wohlhabenden Bauern und wurden weit über einhundert Jahre erfolgreich bewirtschaftet. Später entwickelte man hier Landmaschinen und verkaufte diese bis nach Amerika. Eine Blütezeit für das schöne Anwesen und deren frühere Eigentümer, in der die Häuser durch An- und Umbauten mehrfach erweitert worden sind. Ein Aufschwung, der nach Krieg und Bodenreform ein Ende fand. Viele Jahre zweckentfremdet genutzt und „abgewohnt“, verfiel das einst so schöne Anwesen zusehends, so dass die Gebäude in einem desolaten Zustand waren, als Jungk den großen Hof kaufte. Dächer und Fenster waren beschädigt, das Mauerwerk bröckelte, sanitäre Anlagen gab es nicht. Ein trauriger Kontrast zur einstigen Pracht und eine besondere Herausforderung für den neuen Eigentümer, den Gebäudekomplex mit viel Liebe zum Detail und Gespür für die besondere Vergangenheit zu restaurieren.

Ein jahrelanger Aufwand, der sich gelohnt hat, denn der Hof bietet dem Eigentümer heute Platz zum Leben und Arbeiten mit viel Land, einem Teich und Wald, in dem er seiner Jagdleidenschaft frönen kann. Zum Jagen gehört für den Gourmet auch das Zerlegen und Zubereiten des frisch erlegten Wildbrets. Jungk kocht am liebsten selbst. Medium gebraten und mit Bedacht gewürzt, schmeckt das Reh am besten, verrät er. Gut, wenn man dazu Freunde einlädt und das richtige Ambiente hat.

Rechts: Die Tür mit Facettenschliff hat der Restaurator vom Sperrmüll geholt, umgebaut und lackiert. Beim Tischler hat er Stühle mit eigenem Monogramm fertigen lassen.

Mitte: Im Wohnhaus wurden Trennwände entfernt, wo sie hinderlich waren. Auf diese Art ist unter anderem ein großzügiges Esszimmer entstanden.

Unten: Ein geräumig angelegter Hausflur zeugt vom Wohlstand vergangener Generationen. Im Treppenhaus hat der Eigentümer Fotos aufgehängt, die vom Zustand des Hauses vor der aufwändigen Sanierung erzählen.

I C H

Rechts: Ein großer Wohnbereich mit gemütlicher Leseecke und Musikzimmer ist im ersten Stock des Wohnhauses entstanden. Auf dem Tasteninstrument spielen der Hausherr und dessen kleine Tochter. Jungk liebt den Jazz. An den Wänden hängen Bilder bekannter Musiker. Damit seine Bücher stets griffbereit sind, hat der Sammler Regale angefertigt, die auch die Fenster einrahmen und für Gemütlichkeit sorgen. Ein Blendrahmen mit gleichem Dekor schafft einen harmonischen Übergang zwischen den beiden Räumen.

Linke Seite: Blick auf die Hinterfront des Wohnhauses mit der Jahreszahl der Erbauer. Der Garten im Innenhof mit Rotunde ist nach altem Vorbild angelegt worden. Eine Rundbank am Baum lädt zum Verweilen ein. Für die fachgerechte Sanierung hat die Firma den sächsischen Denkmalpflegepreis bekommen.

Neben dem dreistöckigen Wohnhaus gibt es mehrere Seitengebäude, die in verschiedenen Epochen entstanden sind und als solche wieder genutzt werden. In den einstigen Werkstatträumen wird nach alter Tradition wieder gearbeitet. Die frühere Scheune dient als Lager für historische Treppenteile und Türen. Im ehemaligen Heizhaus ist das Büro eingerichtet worden. Im Torhaus wohnen zwei Mitarbeiter der Firma.

Seit 1992 saniert Jungk alte Häuser und antikes Interieur und beschäftigt mehrere Angestellte. Es sind meist wertvolle alte Treppen und Hauseingänge vergangener Epochen, die seiner Firma anvertraut werden. Aber auch Hoftore oder Backofentüren aus Eisen wurden schon gefertigt und sogar Kleinteile wie Schlösser, Beschläge oder Waffen landen in seiner Werkstatt. Nicht zuletzt gehen alte Möbel durch die Hände der erfahrenen Handwerker. Oftmals sind das dann weniger die wertvollen Antiquitäten, sondern eher die lieb gewonnenen Einzelstücke aus Omas Küche oder Keller.

Neben dem wirtschaftlichen Erfolg ist hier eine autarke Lebensweise wichtig. Das Holz für seine Heizanlage schlägt der Eigentümer im eigenen Wald. Ein großer Kessel speichert die Wärme und verteilt diese im ganzen Haus.

Rechts: Hier kann man die Freiheit des Landlebens unbeschwert genießen: Einen zum Hof hin offenen Bereich zum Feiern hat der Hauseigentümer geschaffen. Holz aus dem eigenen Wald trennt den gepflasterten Sitzbereich vom Innenhof ab. An der Decke hängen Kräuter. Die Bretter sind ungehobelt geblieben. Ein Tisch in der Raummitte lädt zur gemütlichen Runde ein. Ein großer, offener Kamin mit Jagdtrophäen sorgt auch an kühlen Tagen für behagliche Wärme. In der Ecke daneben steht der Räucherofen.

Charmanter Gasthof, liebevoll saniert und wiedereröffnet

Oben: Kerzen auf den langen Holztischen tauchen den großen Saal im Gasthof Tautendorf in ein weiches Licht. Nach alter Tradition wird hier auf dem Lande wieder gefeiert.

Rechts: Der mit Rosen bewachsene und von Hortensien gesäumte Eingang zum Landgasthof erinnert an ein romantisches Gemälde aus alten Zeiten.

Kaum vorstellbar, dass das Haus abgerissen werden sollte. Die Familie Wohlrath verliebte sich in den charmanten alten Gasthof am Dorfrand und sanierte das Anwesen.

Unten: Gemütliche Möbel gehören zu einem Gasthof dazu. Beim wunderschönen Biedermeiersofa handelt es sich um einen Sperrmüllfund. Die Eigentümer haben das Stück vor Jahren vor dem Abtransport auf die Müllhalde gerettet und neu polstern lassen.

Rechts: Der Biergarten vor dem Gasthaus wird von einer riesigen Linde beschattet.

Unten: Die Gaststube ist nach althergebrachter Art mit einem Kachelofen, alten Holztischen und Stühlen eingerichtet.

Es ist fast wie in alten Zeiten: Eine lange, kurvenreiche Straße führt an den Rand der Ortschaft. Dort, wo sie endet, gibt es nur noch weite Felder und einen von alten Bäumen beschatteten Gasthof. Zieht man an der Klingelschnur, wird einem aufgetan. Die hier leben und arbeiten, sind Mutter, zwei Töchter und Enkelkinder. Vor zehn Jahren hat die Familie den traditionellen Gasthof in Tautendorf erworben und auf Vordermann gebracht. Als sie ihn kauften, hatte er schon fünf Jahre leer gestanden und sollte eigentlich abgerissen werden. "Wir waren auf der Suche nach etwas Eigenem und haben uns spontan in die wunderschöne Lage und das Anwesen verliebt", begründet Gudrun Wohlrath den mutigen Schritt. Die Leipzigerin wollte die Möglichkeit haben, ihre eigenen Vorstellungen umsetzen zu können. Zeitweise hatte sie in einem Gasthaus in Hamburg gearbeitet und auch ihre Schwester war damals schon in der Gastronomie tätig gewesen. Zu unterschiedlichen Zeiten besichtigten die beiden Schwestern den alten Gasthof und fanden ihn gleichermaßen bezaubernd. Zunächst bezog die Familie darin einen einzigen Wohn-, Schlaf- und Arbeitsraum. Da war das Haus noch in einem traurigen Zustand. Jahre harter Arbeit vergingen, bis es wieder eröffnet werden konnte.

Oben: Die schmucke Küche des Dorfgasthofes bietet beim Kochen einen romantischen Blick auf den Garten hinter dem Haus.

Rechts: Unter Weidenbäumen ist eine Sitzecke im Garten entstanden. Die Weidenruten hat die Gastwirtin selbst gesteckt. Mit den Jahren sind sie zu einer Laube zusammengewachsen. Zum Hof gehört auch eine große Streuobstwiese, die sich bis zum Dorfbach erstreckt.

Unten: Zum Übernachten gibt es gemütliche Pensionszimmer im ersten Stock.

Bevor Gaststube, Küche und angrenzende Räume wieder genutzt und eingerichtet werden konnten, waren umfangreiche Sanierungsarbeiten nötig. In den Jahren zuvor hatten illegale Übernachtungsgäste die abgeschiedene Lage des alten Gasthauses ausgenutzt. Ein alter Ofen war angeschlossen worden, um in der Küche Fleisch zu braten. Für den Rauchabzug wurde einfach ein Loch in die Wand geschlagen, schildert die Eigentümerin den Zustand des Anwesens. "Sammler" alter Stücke hatten schon vorher Hausrat mitgenommen und die gedrechselten hölzernen Treppengeländer abgebaut. Gudrun Wohlrath hat nur ein kleines Foto vom Gasthof vor dem Kauf aufgehängt. Ein Vergleich zwischen Vorher und Nachher sei für Außenstehende ohnehin kaum nachvollziehbar.

So aufwändig der Start auch war, zugute gekommen ist den neuen Betreibern die uralte Tradition des Hofes, welcher seit 1904 durchweg bewirtschaftet worden war. Man war es von früher her gewöhnt, im eigenen Gasthaus einzukehren und hat sich gefreut, als das Haus wieder eröffnet wurde. Neben deftiger deutscher Küche bieten die Wohlrath-Frauen heute auch italienische Gerichte an. Ein Experiment, das angenommen worden ist. Wer von auswärts kommt, Ruhe vom turbulenten Alltag sucht und ein wenig länger auf dem Lande bleiben möchte, kann in einem der Pensionszimmer übernachten. Aber auch zum Feiern ist Platz. Der große Festsaal bietet Raum für 50 bis 70 Gäste. Holzstühle mit geflochtenen Sitzen stehen an langen rustikalen Holztischen bereit. An der Decke prangt ein riesiger Kronleuchter.

Rechts: Gegenüber der Gaststube gibt es einen zweiten, kleineren Raum für Gäste. Die Wände sind in warmem Lachsrot getüncht. Eine indische Lampe zaubert einen Hauch von Exotik in den gemütlichen Raum. Nach ländlicher Tradition wurde der Fußboden im Schachbrettmuster gekachelt. Bei der Wahl der Kacheln wurde die Farbe der Wände aufgegriffen. Die Eigentümerin erzählt, dass vor Jahren hier der Dorfkonsum untergebracht war.

Unten: Sonne flutet auf das Parkett des Festsaales durch die großen Fenster im ersten Stock. Sie bieten einen bezaubernden Blick auf die umliegenden Felder und die hohen Bäume des angrenzenden Gartens.

Unten rechts: Gleich hinter der hölzernen Eingangstür des Gasthofes ist mit zwei antiken Stühlen und einer Komposition aus Naturmaterialien an der Wand eine gemütliche Sitzecke entstanden.

Kleinod auf dem Lande mit Umgebindehaus und Laubengangscheune

Oben: Die Scheune des Hofes von Tina Höhle und Jan Körner ist Ende des 17. Jahrhunderts erbaut worden und hat einen hölzernen Laubengang, den es vor Ort in der Art kaum noch gibt. Das Fachwerk des benachbarten Wohnhauses ist in der für die Gegend recht seltenen Umgebinde-Bauweise errichtet worden.

Rechts: Auf dem Hügelbeet sitzt Lasse, einer der beiden Söhne der Familie. Freunde haben das Beet ummauert. Mit duftenden Kräutern zwischen bunten Blumenbüschen mutet der kleine Bauerngarten so an, als wenn er schon immer dagewesen wäre.

Tina Höhle und Jan Körner haben sich auf der Walz kennen gelernt und sind dann nach Sachsen gezogen. Zusammen mit ihren Kindern Tjerk und Lasse bewohnen die beiden Holzhandwerker heute einen über 300 Jahre alten Hof in Frankenhain. Mit seinem ehrwürdigen Alter und den baulichen Besonderheiten zählt das Gebäudeensemble zu den selten gewordenen in der Region. Ein „Bonbon“ für die historisch interessierten Eigentümer, die sich sofort in das Anwesen und die Lage verliebt hatten und eine besondere Herausforderung, die traditionellen Bauweisen für kommende Generationen zu erhalten. Vorher war das Paar auf Wanderschaft gewesen, um die vielen Möglichkeiten des traditionellen Handwerkes kennen zu lernen. Ein Umstand, der das Ankommen im ländlichen Frankenhain zu einem besonderen Gefühl der Geborgenheit werden ließ. „Ich war als Tischlerin unterwegs und Jan hat als Zimmerer gearbeitet“, erzählt Tina Höhle, die ihre Wurzeln eigentlich in der Großstadt Köln hat und schon immer wusste, dass sie aufs Land ziehen und etwas Handwerkliches machen möchte.

Oben: Der Eingang zum ehemaligen Kuhstall. Die früheren Entlüftungsrohre vom Stall sind so belassen worden, wie sie waren. Das Fachwerk haben die Eigentümer saniert. Altes Holz wurde erneuert, schadhafte Stellen ausgebessert. Eine selbst gezimmerte Holzbank lädt zum Verweilen ein.

Rechts: Das Herz des Hauses ist die Küche im ersten Stock. Altes Kochgeschirr und eine rustikale Einrichtung vermitteln ein beruhigendes Gefühl von Zeitlosigkeit. Aus den hölzernen Kastenfenstern hat die Familie einen bezaubernden Blick auf den Laubengang der benachbarten Scheune und die Obstbaumwiese vor dem Haus.

Oben: Das Fachwerkhaus leuchtet heute in einem hellen, freundlichen Blau, das farblich gut zu den Fenster- und Türeinfassungen aus Porphyr passt. Das alte Pflaster des Hofes ist erhalten geblieben. Die Trockenmauer des Hochbeetes schafft einen harmonischen Übergang zwischen Steinen und Natur.

Links: Für einen Blickfang sorgen die runden Mauerdurchbrüche in der Dusche. Die gemusterte Kachel hat die Eigentümerin im Haus gefunden und mit eingesetzt.

Links unten: Eine Besonderheit sind die von Hand geschmiedeten Beschläge, die in der Art noch an vielen Türen im Wohnhaus erhalten waren.

Ihr Wohnhaus haben die Eigentümer zusammen mit Familie, Freunden und Berufskollegen saniert. Der Anfang war schwer. Bei ihrer Ankunft gab es dort nur ein Waschbecken, mehrere kleine Öfen und eine Außentoilette. Es hat Jahre harter Arbeit gekostet, bis es im neuen Zuhause gemütlich und komfortabel wurde. In den oberen Etagen wurden schrittweise Küche, Schlaf- und Kinderzimmer ausgebaut. In der Stube im Erdgeschoss befreite das Paar eine profilierte Holzbalkendecke von mehreren Farbschichten. Der beeindruckende Durchmesser der Hölzer könnte ein weiteres Indiz für das Alter des Gebäudes sein. Später soll der rustikale Raum einmal das Herz des Hauses werden. Die Eigentümer werden hier einen gemütlichen Lehmofen bauen. Nebenan gibt es einen Vorratsraum mit einem imposanten Kreuzgewölbe, der später die Funktion eines Gästezimmers bekommen soll.

Rechts oben: Der sanierte Giebel des Wohnhauses. Deutlich hebt sich das Umgebinde ab. Die neuen hölzernen Kastenfenster hat Tina Höhle selbst gebaut.

Mitte rechts: In der ehemaligen Vorratskammer des Wohnhauses sorgt ein Kreuzgewölbe für eine fast klösterliche Stimmung. Durch ein kleines Fenster fällt sanftes Licht ins Innere. Hier soll später einmal ein Gästezimmer eingerichtet werden.

Rechts unten: Im Erdgeschoss sind ungewöhnlich dicke Balken eingesetzt worden, die vom Reichtum der Vorbesitzer und vom ehrwürdigen Alter des Hauses zeugen.

Jagdhausromantik mit Kunst, Kultur und Hochzeitsfesten

Oben: Mit seiner barocken Fassade gehört das Jagdhaus Kössern im Muldentalkreis zu den besonders schönen Baudenkmälern der Region.

Der bekannte königliche Hofbaumeister Pöppelmann soll das Haus zu Beginn des 18. Jahrhunderts für festliche Jagdgesellschaften des Oberhofjägermeisters Erdmannsdorff erbaut haben, die auf dem Lande stattfanden.

Rechts: Im prächtigen Saal des Jagdhauses finden heute wieder Konzerte und Feste statt. Besonders auffällig ist das Deckengemälde, in dem die Götter des Olymps dargestellt sind.

Parkett, Wände und Stuck sind in den vergangenen Jahren liebevoll saniert worden. Der Blickfang im Raum ist ein großer offener Kamin mit einem Ölgemälde vom einstigen Bauherrn mit Rüstung und Schwert (rechts im Bild).

Rechts: Im umliegenden Wald wurde das königliche Wild gejagt, dann vor Ort zubereitet und bei einem großen Gelage verspeist. Die Trophäe eines riesigen Hirsches über dem Eingang zum heutigen Jagdhausbüro erzählt noch von der besonderen Vergangenheit des Hauses.

Im Jahr 1709 als Anwesen für glanzvolle Feste der königlichen Hofgesellschaft erbaut (sogar August der Starke soll hier gejagt und getafelt haben), wurden das Rittergut und das Jagdhaus Kössern schon in der nächsten Generation an eine weitere adlige Familie verkauft, die das prachtvolle Anwesen kaum noch bewirtschaftete. In der Folgezeit fehlten dann meist die Gelder, um Fassade und Innenräume zu erhalten. Nach Krieg und Bodenreform erfolgte eine umfangreiche Sanierung. Danach beherbergte das Schlösschen die Gemeindeverwaltung des Ortes sowie die Bibliothek und den Kindergarten.

Das Interesse am Barockbau mit seiner auffälligen Fassade wurde neu entfacht, als nach der Wende und dem darauf folgenden Leerstand ein paar Einwohner einen Verein für den Erhalt gründeten. Unter ihnen Angelika Reißmann, die von Leipzig nach Kössern gezogen war und den Verein heute leitet. Der Bauingenieurin kam zugute, dass sie in der Denkmalpflege schon Erfahrungen gesammelt hatte. So wurde zunächst eine Bestandsaufnahme der alten Bausubstanz angefertigt und in Zusammenarbeit mit der Gemeinde als Eigentümerin ein Sanierungskonzept erarbeitet.

Seitdem geht es wieder aufwärts mit dem Jagdhaus. Saal, Nebenräume und Treppenhaus sind restauriert und auf Vordermann gebracht worden. Heute ist das schmucke Anwesen mit großem Garten wieder Treffpunkt für Feste und Konzerte.

Links: Andrea und Danilo Kühn gehören zu den Paaren, die ihre Hochzeit gemeinsam mit Familie und Freunden im Jagdhaus Kössern gefeiert haben.

Rechts: Im Saal des Jagdhauses schneidet das frisch vermählte Paar die Hochzeitstorte an.

Unten: Von der Klaviermusik sind auch die Jüngsten begeistert. Für Konzerte und musikalische Umrahmung der Feste gibt es einen hervorragenden Blüthner-Flügel.

Um wirtschaftlich agieren zu können, mussten sich die Vereinsmitglieder Gedanken um eine neue Nutzung machen. Was lag näher, als an einem so glanzvollen Ort, an dem früher schon Feste gefeiert wurden, alte Traditionen wieder neu zu beleben. Die Mitglieder begannen, Kontakte zu Künstlern aufzunehmen.

Heute werden hier Hochzeiten und runde Jubiläen gefeiert und regelmäßig Konzerte veranstaltet. Der Saal im Jagdhaus bietet dafür ein stilvolles Ambiente und eine wundervolle Akustik.

Begünstigt wird das ländlich-kulturelle Konzept auch dadurch, dass im Ort schon vor vielen Jahren regelmäßig kulturelle Events stattgefunden hatten und sich schnell wieder ein interessiertes Stammpublikum einstellte.

Links oben: Das Wappen mit der Jahreszahl 1695 und den Initialien des Wolf Dietrich von Erdmannsdorff hängt in der Eingangshalle und erzählt von der Blütezeit des Ortes. Nach Wunsch werden Führungen angeboten, in denen die Besucher auch Interessantes über die Geschichte des Hauses erfahren können.

Mitte und unten links: Zu Hochzeiten und Jubiläen sind Nischen und Räume festlich dekoriert. Im Saal wird gespeist, in den Nebenräumen wird aufgetafelt.

Unten rechts: Blick auf die steinernen Mauerreste im Garten. Unter dem heutigen Niveau des Erdreichs befindet sich ein weiteres Kleinod, Spuren eines klassischen Barockgartens mit einer für die Zeit typischen Rotunde sowie angelegten Längs- und Querachsen.

Um den Garten des Jagdhauses in seiner einstigen Pracht wiederherzustellen, fehlen derzeit die Mittel. Das Vorhandene wird mit Liebe bewirtschaftet, die heutige Streuobstwiese im Herbst ganz praktisch abgeerntet. Aus den Äpfeln werden köstliche Obstsäfte hergestellt, die schnell ihre Liebhaber finden. Jedes Paar, das hier Hochzeit feiert, kann eine Patenschaft für einen der Bäume übernehmen.

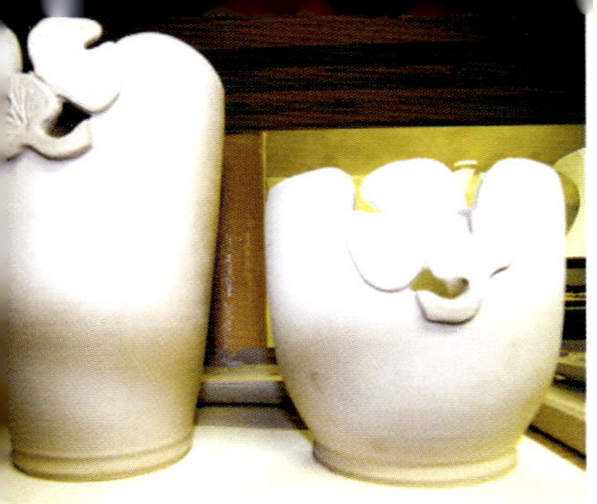

Jugendstilideen mit Ginkgoblatt

Oben: Ein Ginkgoblatt ist das Markenzeichen der Jugendstilkeramiken aus dem Naunhofer Keramikgut.

Rechts: Der Keramiker Matthias Jäkel an der Töpferscheibe in seiner Werkstatt. Vor Jahren war der Porzellanmaler auf der Suche nach einem Domizil, das ihm ausreichend Platz und Ruhe zum Arbeiten bieten würde. Er bekam den Tipp, dass in Naunhof ein Bauerngut zu haben sei und besichtigte das Anwesen. "Ich wusste sofort, das ist es", erinnert sich der 36-Jährige, der heute hier mit seiner Frau Ilona lebt und arbeitet.

Unten: Rohlinge des Töpfers stehen im Werkstattregal unter dem Tonnengewölbe des einstigen Stalles.

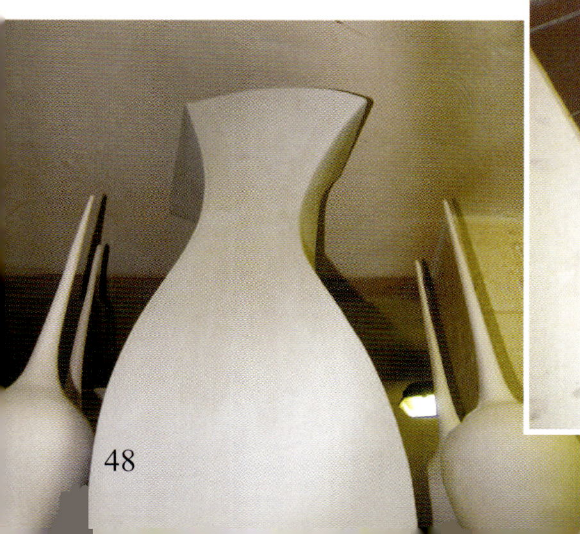

Eigentlich hatte Matthias Jäkel nur mit dem Gedanken gespielt, im eigenen Keramikgut zu leben und zu arbeiten. Denn leisten – so war er damals sicher – hätte er es sich eigentlich nicht können. In Meißen, wo der Porzellanmaler seinen Beruf gelernt und kurze Zeit auch ausgeübt hatte, wollte er nicht bleiben. So führte der Weg zunächst nach Leipzig, wo er für eine Weile im Keller eines Mietshauses malte und dabei sein Faible für den Keramikschmuck entdeckte. Eine kreative Phase, aber keine gute Zeit für einen kreativen Maler und Keramiker, der Licht und Luft zum Arbeiten braucht, weil er nicht selten konzentriert bis in die Abend- und Nachtstunden an seinen Kreationen tüftelt. So ging er schließlich auf die Suche nach einem geeigneten Refugium. Ruhe und Platz zum Arbeiten wollte er haben und hörte durch Zufall davon, dass in Naunhof ein Gut zu verkaufen sei.

Als Matthias Jäkel das Anwesen in der Kleinstadt zum ersten Mal besichtigte, war er begeistert von den Möglichkeiten, die sich hier auftun würden. „Eigentlich hatte ich kaum Erfahrungen mit dem Ausbau alter Häuser", erzählt er. Der Traum vom eigenen Hof war letztlich stärker, als seine anfänglichen Bedenken. In den folgenden Monaten legte der Kunsthandwerker selbst Hand an, um das einstige bäuerliche Anwesen nach eigenen Vorstellungen umzubauen. Rat und Hilfe holte er sich bei Fachleuten aus der Umgebung. Arbeitsreiche Monate vergingen, bis er hier einziehen und eigene Keramiken herstellen konnte. Den Schritt von der Stadt in das ländliche Umfeld hat Jäkel bis heute nicht bereut. Neben einem großen Laden im Erdgeschoss, in dem die getöpferten und bemalten Stücke ausgestellt sind, hat er geräumige Werkstatt- und Lagerflächen. In den Räumen darüber wohnt er mit seiner Frau Ilona.

Oben: Der Keramiker ist ein leidenschaftlicher Saxophonspieler. Im eigenen Haus kann er auch nachts Musik machen und keiner stört sich daran.

Unten: Blick in die Werkstatt des Kunsthandwerkers. Bis unter die Gewölbedecke sind die Regale mit Töpferwaren gefüllt, die noch glasiert werden müssen.

Linke Seite: Den Verkaufsraum hat Jäkel im früheren Stall eingerichtet. Tonnengewölbe und Stützpfeiler bilden einen spannenden Kontrast zu den eleganten handgetöpferten Keramiken. Die sind filigran, dünnwandig und leuchten in einer grün- bis türkisfarbenen Glasur in fein abgestimmten Farbnuancen. Das Markenzeichen des Betriebes sind Ginkgoblätter, die an die Leichtigkeit und Formenfülle der Jugendstilepoche erinnern sollen.

Die Vorbesitzer des Hofes waren wohlhabend und ehrgeizig und sollen sich mit ihren damaligen Nachbarn einen lebenslangen Konkurrenzkampf geliefert haben. Die Wirtschafts- und Stallräume seien deshalb besonders großzügig ausgelegt worden, erzählt Jäkel. Ein Umstand, der sich für die heutigen Eigentümer auszahlt. Die nutzen den Platz gern zum Feiern mit Berufskollegen und Freunden. Einmal im Jahr laden die Keramiker zum großen Töpfermarkt ein, an dem Kunsthandwerker aus ganz Ostdeutschland teilnehmen. Besucher haben dann auch Gelegenheit, einen Blick in die Werkstatträume zu werfen.

Rechts oben und Mitte:
Die reich verzierten und bemalten Schmuckstücke, Kannen und Vasen kontrastieren mit den übrigen Stücken im Raum. An ihnen erkennt man die Handschrift des Porzellanmalers.

Schatzkiste für Liebhaber alter Mühlentechnik

Oben: Blick in die alte Mahlkammer der Mühle Wölkau mit einem der großen hölzernen Auffangbehälter für das Korn.

Rechts: Das Holz der Auffangbehälter und der Deckenbalken ist noch gut erhalten. In den Schrotmaschinen darunter wurde das Korn zunächst grob zerkleinert, bevor es verfüttert oder für den Hausgebrauch feiner gemahlen wurde.

In der alten Mühle in Wölkau scheint die Zeit stillzustehen. Kleine Sprossenfenster geben einen romantischen Blick auf einen verwilderten Park frei. Im Inneren hängen Auffangbehälter über alten gusseisernen Schrotmaschinen. Die alte Mühlentechnik aus Holz ist noch im Original erhalten. Überall im Raum liegt hölzernes Gerät. Ein Stockwerk darunter steht ein großer Backofen. Das Mehl, das hier gemahlen wurde, gelangte gleich in die darunter liegende Bäckerei und wurde zu frischen Backwaren verarbeitet. Einst Anlaufpunkt für die Bauern der Gegend, wurde das Haus später nur noch zu Wohnzwecken genutzt. Von den kleinen Zimmern hat man einen hinreißenden Blick auf den gegenüberliegenden Mühlenteich und das Gut Wölkau.

„Es wäre ein Jammer, die alte Technik herauszureißen“: Die Immobilienmaklerin Ingrid Rothe, die den Auftrag hat, das Anwesen am Ortsrand zu verkaufen, wartet auf einen Liebhaber alter Mühlentechnik. Das Haus an jemanden zu verkaufen, der alles abreißt, wäre für sie bedauerlich. Es sind zunehmend alte Häuser, die als Akte in den Ordnern der Geschäftsfrau landen. Die sind mittlerweile unvorstellbar günstig zu haben, meist mit viel Platz zum Leben und charmanten architektonischen Besonderheiten, die in einem neuen Gebäude nicht zu finden sind, schildert sie die Vorteile. Grundsätzlich sei es nicht die Frage, ob man Neues baut oder Altes saniert, weil man beim alten Gebäude einfach “mehr Haus fürs Geld bekommt”. Beim Aufwand von Um- und Ausbau halten sich Neubau und Sanierung in etwa die Waage. Wenn es um ein Gutachten geht (Kostenpunkt: ca. 1,5 bis 1,7 Prozent des geschätzten Verkaufspreises), dürfe man die Abschreibung nicht unterschätzen. Nach Aktenlage tendiert der Gebrauchswert eines 80 Jahre alten Hauses, an dem seit der Erbauung nichts mehr erneuert wurde, gegen Null, gibt die Expertin zu bedenken. Jede neue Sanierung im Objekt wird aber wieder in einer positiven Restnutzungsdauer verbucht.

Besonders vorteilhaft sei ein altes Haus, wenn die Erwerber neben einem realistischen Konzept bauliche Eigenleistung erbringen können. Wer Altes kauft, sollte allerdings wissen, wie die Immobilie später einmal aussehen soll und welche konkreten Schritte bis dahin nötig sind, rät Rothe. Wer beispielsweise ein eigenes Refugium auf einer Etage haben möchte, sollte auch die baulichen Voraussetzungen dafür vorfinden. Daneben spiele das Lebensalter eine wichtige Rolle, um den „Bonus Zeit“ mit in die Waagschale werfen zu können.

Rechts: Die Immobilienmaklerin Ingrid Rothe in ihrem Büro. Von ihr vermittelte Häuser sind überwiegend solche, die eine interessante Geschichte haben oder mit handwerklichen Traditionen verbunden sind.

Darunter: Das alte Mahlwerk in Wölkau besteht zum großen Teil aus Holz und dürfte heute bereits eine bautechnische Rarität unter Fachleuten und Sammlern sein.

Darunter: Im Haus gab es bis 1993 eine Bäckerei, in der mit dem selbst gemahlenen Mehl gebacken wurde. Der alte Backofen ist noch im Original erhalten.

Unten: Hier gibt es einen interessanten Fundus für Sammler alter Stücke: Überall in der Mühle liegt noch altes Handwerkszeug aus der Zeit herum, als die Mühle noch in Betrieb war.

Leben im Wasserturm und Feiern an der Backsteinkirche

Oben: Die Gemeinde Zschadraß hatte bereits ein Modell für die künftige Nutzung ihres Wasserturmes anfertigen lassen. Die Pläne für ein Aussichtscafé haben sich aber leider zerschlagen, so dass Kommune und Diakoniewerk nun auf der Suche nach einem neuen Eigentümer für das markante Bauwerk im Klinikpark sind.

Rechts: Der Wasserturm überragt sogar die weit über einhundert Jahre alten Bäume und gewährt von der Turmkrone aus einen atemberaubenden Blick auf die umliegende Landschaft.

Zschadrass im Muldentalkreis ist vor allem durch die Heilanstalt bekannt, die vor über einhundert Jahren auf dem dortigen Hainberg errichtet worden ist. Ein Park mit uraltem Baumbestand gehört zum weitläufigen Areal. Auf dem Gelände gibt es eine Reihe architektonischer Kleinode. Einige davon werden von der Klinik nicht mehr genutzt und stehen deshalb zum Verkauf.

Darunter ein Wasserturm, der Ende des 19. Jahrhunderts erbaut worden ist. Mit seinem auffälligen schlanken und aus roten und gelben Ziegeln gemauerten Baukörper ist der Turm bereits mehrfach zum Gegenstand neuer Pläne und origineller Ideen geworden, die bislang aber noch nicht umgesetzt werden konnten. Ein Café mit besonderer Aussicht wollten Gemeinde und Diakoniewerk ursprünglich darin entstehen lassen. Eine weitere Idee war, den Turmkopf komplett abzutragen und ihn durch eine Stahlkonstruktion zu ersetzen, um eine Aussichtsplattform zu schaffen. An Stelle der vorhandenen Steigrohre könnte auch ein Aufzug für einen unbeschwerlichen Aufstieg sorgen. Im Idealfall könnten zwei Etagen mit schätzungsweise 70 bis 80 Quadratmetern Wohnfläche entstehen.

Leider haben sich die Pläne zerschlagen, der Turm steht nun wieder zur Disposition. Ein neues Turmprojekt könnte anteilig aus Bundes- und Landesmitteln gefördert werden. Gesucht wird nun ein neuer Eigentümer, der das Bauwerk aus dem Dornröschenschlaf erweckt. Die Architektur im Inneren wäre für einen Umbau geeignet. Vom Eingang gelangt man auf einer Eisentreppe in das sich nach oben verjüngende Bauwerk. Gleichmäßig über die Fassade angeordnete Holzfenster sorgen für einen sanften Lichteinfall. Den Turmkopf füllt derzeit noch ein stählerner Tank mit zwei Wasserkammern.

Oben: Einer der Eingänge zum Wasserturm. Teile der originalen alten Holztüren sind noch erhalten. Wo die Holzvertäfelungen herausgebrochen sind, sorgen derzeit Gitter für Sicherheit.

Rechts: Der Wasserturmkörper ist in mehrere Bereiche gegliedert. Die Klinkerfassade wird von verzierten steinernen Stützelementen unterbrochen.

Rechts unten Über das ganze Turminnere verteilt sind diese schlanken Fensteröffnungen, die für ein gleichmäßiges und sanftes Licht sorgen. Eine bereits sanierte Stahltreppe führt in die Turmkrone. Diese könnte sowohl zu Wohnzwecken genutzt aber auch abgetragen werden, so die Idee der bisherigen Eigentümer.

Links: Einen atemberaubenden Blick hat man vom Niveau des Wasserturms auf die umliegende Landschaft.

Mitte: Das Turminnere kann derzeit durch eine Eisentreppe erklommen werden. Entstehen könnte hier Wohnraum auf zwei Etagen. Für einen mühelosen Aufstieg könnte ein Aufzug eingebaut werden.

Unten: Mit ihrer geschwungenen Form und den verzierten Trittflächen ist die alte Eisentreppe für sich genommen bereits ein bauliches Kleinod.

Dass die Umnutzung eines Bauwerkes mit besonderer Architektur und Vergangenheit vor Ort möglich ist, zeigt das Beispiel der Backsteinkirche, die nur mehrere hundert Meter vom Wasserturm entfernt steht. Einst als Anstaltskirche erbaut, bildet das Gotteshaus das bauliche Zentrum des weitläufigen Parks. Gemeinde und Diakonie haben das schöne Gebäude vor dem Verfall gerettet und es in den vergangenen Jahren schrittweise saniert. Ziel war es, eine soziokulturelle Begegnungsstätte zu schaffen, zu der die Kirche und der gegenüberliegende Festsaal gehören. In dem finden heute weit über einhundert Personen Platz, um Konzerten zu lauschen und Jubiläen zu feiern.

Oben: Blick auf die schöne Backsteinfassade des Kirchengebäudes. In den vergangenen Jahrzehnten immer provisorisch abgesichert, erstrahlt das traditionelle Gotteshaus heute wieder in altem Glanze.

Erste Arbeiten, bei denen schon Kirchturm, Dach und Gesimse saniert wurden, erfolgten bereits in den 90er Jahren.

Drei bereits in den 20er Jahren des vergangenen Jahrhunderts zugemauerte Chorraumfenster wurden wieder geöffnet. Und auch die aufwändig getäfelten Holztüren konnten aufgearbeitet werden.

Unten rechts: Die Kirche inmitten der uralten Bäume des angrenzenden Parks. Zahlreiche Veranstaltungen und Ausstellungen fanden bereits wieder in dem sanierten Gebäude statt.

Linke Seite: Einen ganz eigenen Charme bekommt das Innere der großen Kirche durch die ungeputzten Ziegelwände in warmem Rot. Der Altar stammt noch aus dem ursprünglichen Bestand der Kirche. Sitzbänke, Orgel und Glocken gingen im Laufe der Jahre verloren.

Rechts oben: Eines der runden restaurierten Fenster der Kirche.

Mitte rechts: Die ehemaligen Stützen der Chorempore befinden sich an einer der Seitenwände. Für den Fall, dass die Empore zu einem späteren Zeitpunkt wieder aufgebaut werden sollte, wurden die Fundamente vorsorglich wieder hergerichtet.

Unten: Kirchenschmuck mit Vase, Zweig und Mohnblumen.

Neues Holzhaus mit Biotop auf altem Bauernhof

Oben: Den Hauseingang des Holzhauses schmückt ein farbenfroher Willkommensgruß. Die Eigentümer haben den “grünen Daumen”. Überall schmücken Stauden und blühende Topfpflanzen das Gelände.

Rechts: Mit seinem ockerfarbenen Putz ist das neu gebaute Holzhaus der Familie Nöllert in Jena auf den ersten Blick gar nicht als solches auszumachen.

Handwerker- und Architektenleistung wurden von der Zimmerei Heinemann aus Schlöben erbracht. In Abstimmung mit den Eigentümern wurde dabei bewusst auf eine harmonische Bebauung geachtet.

Ein Ensemble aus Alt und Neu bildet nun wieder einen Hof mit drei bebauten Seiten und fügt sich damit harmonisch in die Umgebung ein. Links neben dem neuen Wohnhaus steht noch der ehemalige Stall des Bauernhofes mit rustikalem Fachwerk und Ziegeln.

Hinter dem Gebäudekomplex haben die Eigentümer einen bezaubernden Garten angelegt, in dem seltene Pflanzen- und Tierarten heimisch geworden sind.

Oben: Blick in den Übergang vom Wohnzimmer in die Küche. Der Goldton der Hölzer taucht die Räume in ein warmes Licht. Ein Kaminofen wird zum Blickfang und sorgt an kalten Tagen für behagliche Wärme.

Helle Holzmöbel fügen sich harmonisch in das Ambiente ein. Sie waren schon da und mussten für das neue Haus nicht extra angeschafft werden.

Christel und Andreas Nöllert haben auf dem Hof der Eltern in Jena ein Holzhaus gebaut. Das Paar kann sich so um die Mutter kümmern, die mit auf dem Hof lebt. Auf Anraten der ausführenden Zimmerei wurde die alte baufällige Scheune neben dem Stall abgerissen. Eine Sanierung wäre zu aufwändig gewesen. Entstanden ist ein interessantes Ensemble aus Alt und Neu, das sich harmonisch in die ursprüngliche Bebauung am Stadtrand einfügt. Je nach Funktion, Optik und Anforderung an die Stabilität sind hier ganz verschiedene Hölzer verbaut worden. Bodennahes Holz wurde aus Lärche und Douglasie gefertigt, die durch ihren hohen Harzanteil widerstandsfähig gegen Nässe sind. Im Rauminneren gibt es überwiegend Fichten- und Tannenholz. Die Stufen der geschwungenen Treppe sind aus Buche hergestellt worden. Das Holzhaus wurde gedämmt, die Fassade auf Wunsch des Paares verputzt. Im Inneren herrschen durch die besonderen Eigenschaften des Holzes sommers wie winters angenehme Raumtemperaturen und eine gleichbleibende Luftfeuchte.

Linke Seite: Blick zwischen Alt- und Neubau hindurch auf den gepflasterten Hof. Durch den Neubau an Stelle der Scheune ist der ursprüngliche Sicht- und Wetterschutz wieder gegeben. Für die berufstätigen Eheleute, die vor dem Neubau in einer Wohnung in der Stadt gelebt hatten, war es vor allem wichtig, den Hof zu erhalten und mit dem Wohnhaus wenig Arbeit zu haben.

Natürlich hat es auch Überlegungen gegeben, die alte Scheune zu sanieren. Die Statik des alten Gemäuers und der Kostenaufwand ließen ihre Entscheidung aber zugunsten eines Hauses ausfallen, das ebenfalls aus natürlichen Materialien gebaut ist und den eigenen Wohnträumen gerecht wird. Die schöne Giebelwand des alten Stalles, die hier wie anderenorts auch aus Ziegeln gemauert worden ist, soll im kommenden Jahr saniert werden.

Rechts oben: In den freien Stunden verbringen die Lehrerin und der Angestellte im Amt für Umwelt und Ökologie von Berufs wegen viele Stunden am Schreibtisch im Obergeschoss. Umso wichtiger, hier ein gutes Klima und eine schöne Aussicht zu haben. Spots am oberen Balken sorgen für gute Ausleuchtung. Der Blick aus dem Dachfenster gibt eine bezaubernde Aussicht auf den sonnigen Garten frei, der liebevoll gepflegt wird.

Rechts unten: Blick in die Küche. Die Zwischenwände im Haus sind teilweise in zarten Pastelltönen getüncht, die gut zum warmen Ton der Holzwände und -decken passen.

Linke Seite: Passend zum hellen, modernen Umfeld hat sich die Hausherrin für eine ebensolche Küche entschieden. Ähnliche Materialien passen jeweils gut zusammen, auch wenn die Stücke verschiedene Ausführungen haben. Viele der vorhandenen Holzmöbel passten in ihrer Art deshalb auch ins neue Holzhaus. Küche, Wohn- und Essbereich im Erdgeschoss (unten) gehen ineinander über, so dass ein einziger großer Raum entstanden ist, von dem eine Treppe in die obere Etage führt.

Rechts: Persönliche Dinge, Zeitschriften und vor allem viele Bücher dominieren im Schlafzimmer, das ebenfalls im oberen Stockwerk eingerichtet ist. Andreas Nöllert, der selbst als Lektor arbeitet und schreibt, hat mit den Jahren eine stattliche private Bibliothek angesammelt, deren "Ausläufer" im Haus verteilt worden sind.

Auch hier sorgen Wände in warmen Farben für optische Abwechslung in den von Holz dominierten Wohnbereichen. Das dunkle Bücherregal setzt dazu einen schönen Kontrast. Polstermöbel und Teppich sind in hellen Farben gehalten und geben dem Raum eine gewisse Leichtigkeit und ein "Urlaubs-Feeling".

Links: Die Freiheit des offenen Wohnens setzt sich auch im Essbereich fort. Im Wohnzimmer wird gegessen, der große, runde Ausziehtisch bietet Platz für die ganze Familie. Der Vitrinenschrank im Hintergrund bietet Platz für das Geschirr.

Dass beim Kochen Düfte aus der benachbarten Küche durch das ganze Erdgeschoss ziehen, stört die Eigentümerin nicht. Nach Essen riecht es auch, wenn die einzelnen Bereiche durch Wände abgetrennt sind, ist sie sicher.

Eine gläserne Terrassentür führt direkt in den Garten, sorgt für Helligkeit im Raum und verbindet Innen- und Außenbereich miteinander.

Oben: Nach dem Neubau hat der Hof nichts von seinem ursprünglichen Charme verloren. Viele Details erinnern an die Bewirtschaftung in alten Zeiten. Die Bepflasterung ist so belassen worden, wie sie war. Auf dem ehemaligen Misthaufen haben die neuen Eigentümer ein Beet mit dekorativen Stauden errichtet, das heute den natürlichen Blickfang bildet.

Das gut erhaltene Stallgebäude bietet innen und außen reichlich Unterstellmöglichkeit für diversen Hausrat und Gartengeräte. Auf einem Regal an der Wand stehen Setzlinge in kleinen Tontöpfen, darunter hängen Gießkannen. Das Regenwasser für die Blumen wird in einer alten Zinkbadewanne gesammelt. Wie in alten Tagen hängt eine lange Holzleiter quer über den beiden Eingängen.

Rechts: Das Paar bereist gern ferne Länder. Die Masken, die den Aufgang zum Dachgeschoss bewachen, haben sich die kunst- und kulturinteressierten Thüringer aus Sri Lanka mitgebracht.

Unten: Hinter dem Hof bietet ein weitläufiger Garten dem Biologielehrer alle Möglichkeiten, seiner Leidenschaft für seltene Pflanzen und Tiere nachzugehen.

Früher wurde hier von den Eltern der Gemüsegarten des Hofes bewirtschaftet. Heute gibt es viele Blumen und einen Teich zwischen Büschen und Bäumen. Nordamerikanische Schildkröten haben auf dem Areal ein neues Zuhause gefunden. Überall wachsen seltene Stauden und Gehölze aus derselben Gegend, die perfekt zur Art des Biotops passen.

Musikhof auf dem Lande

Oben: Der Eingang zum restaurierten Musikhof der Familie Friedel wird von einem steinernen Pan mit Flöte bewacht.

Rechts: Auf seinem Bauernhof in der Gemeinde Thierbaum hat der naturverbundene Musiker Joachim Friedel all das vorgefunden, was er für ein Leben auf dem Lande benötigt: Genügend Platz zum Wohnen und Arbeiten, einen weitläufigen Garten und ausreichend Nebenraum, in dem für die Leute aus der Umgebung Konzerte veranstaltet werden können.

Unten: Nach traditioneller Art wird der Hof von einer alten Linde beschattet. Der Eigentümer hat dafür eine Rundbank gebaut.

Für den Klarinettisten Joachim Friedel ging mit dem Kauf seines Bauernhofes ein lang gehegter Wunsch in Erfüllung. Der gebürtige Sachse und studierte Musiker hatte nicht nur den Traum vom freien Leben auf dem Land. Auch Kunst und Kultur sollten in seinem Haus Einzug halten.

Gefunden hat der ambitionierte Bauherr das passende Domizil im beschaulichen Örtchen Thierbaum im Muldentalkreis, das mit seinen 122 Einwohnern noch eine gut funktionierende Dorfgemeinschaft hat. Die macht es möglich, das hier kulturelle Events stattfinden können, lobt Friedel das große Engagement. Für die Organisation der Veranstaltungen hat sich ein Kultur- und Heimatverein gegründet. Heute gibt es das Jahr über "Musik am Anger" mit Unterstützung des ganzen Dorfes.

Vor dem Kauf war das Gut in einem traurigen Zustand. Kaum jemand konnte sich vorstellen, dass hier wieder Leben einziehen würde. Im früheren Wohnhaus, einem denkmalgeschützten Fachwerkbau, richtete sich Joachim Friedel ein einzelnes Zimmer ein, um von da aus die nächsten Schritte für die Sanierung zu planen. Passend zum Umfeld mitten in der Natur wollte der Eigentümer vor allen Dingen natürliche Ressourcen nutzen. So reifte der Plan, mit Erdwärme zu heizen, störende Heizkörper aus dem Gesichtsfeld zu verbannen. Dafür wurden Fußboden und Wände in die Wärmeversorgung integriert. Nebenan im Kuhstall fand er dann auch das geeignete Umfeld für geplante Konzerte. Ganz besonders aber freute sich der Liebhaber antiker Stücke über den großen Fundus an altem Interieur, das er in den Räumen des Hofes fand.

Linke Seite: Der Eingangsbereich des Wohnhauses ist wie in früheren Zeiten mit Kupferkanne, Kommode und einem antiken Stuhl eingerichtet. Die Haustür wurde mit einer Bleiverglasung versehen, die den Raum bei Sonnenschein zum Leuchten bringt.

Rechts: Töchterchen Anna-Rosina, hier auf der Treppe vor dem Haus, und Joachim Friedels Frau Angela Heim leben mit dem Musiker zusammen auf dem Hof. Noch pendelt er beruflich zwischen Bad Homburg und Thierbaum. Längst ist das kleine Dorf aber zur Heimstätte der Familie geworden.

Mitte rechts: Fast alle Arbeiten am Haus bewältigt der Musiker selbst. In der Stube im Wohnhaus hat er eine wunderschöne alte Holzdecke mit Verzierungen freigelegt, die noch aus der Zeit der einstigen Erbauer stammen dürfte.

Unten links: Im früheren Pferdestall des Hofes ist für Familie und Freunde ein Platz zum gemütlichen Beisammensein entstanden.

Unten rechts: Eine besonders schöne Bleiverglasung wurde in eine alte Tür im früheren Pferdestall eingesetzt. Die Tür war ein Fundstück aus einem Abrisshaus. Die Motive der vier Jahreszeiten - hier der Herbst - hat der Eigentümer eigens dafür anfertigen lassen.

Links: Die Musikveranstaltungen auf dem Friedelhof sind meist ausgebucht. Weil die Plätze zu den Konzerten schon bald knapp wurden, ist in den vergangenen Jahren die benachbarte Scheune zum zweiten neuen Konzerthaus umgebaut worden.

Am Giebel der Scheune gibt es heute eine große Bühne. Die Seitenwände sind verglast worden und holen zu Kunst und Kultur auch die Natur ins Haus.

Linke Seite: Der frühere Rinderstall mit Steinsäulen aus rotem Porphyr und Gewölbedecke ist wie geschaffen für Konzerte. Mehrfach im Jahr holt der Musiker Künstler aus den umliegenden Städten in sein Heimatdorf. Um die Musikveranstaltungen besser managen zu können, hat das Dorf einen Förderverein gegründet.

Seinen rustikalen Musiktempel hat der Eigentümer liebevoll saniert. Der Fußboden wurde gefliest, verschiedene Bereiche des Raumes mit Ornamenten in Szene gesetzt. Passend zum Baustil ist der große Raum mit antiken Möbeln eingerichtet, die Friedel im Haus gefunden und mit weiteren Sammlerstücken komplettiert hat. Dazu gehören eine Uhr mit Bauernmalerei (rechts) und eine antike Glasvitrine aus dem Jahr 1750, die er im Obergeschoss entdeckt und in ihre Bestandteile zerlegt hat (rechts unten).

Mehrere Schichten alter Farbe wurden abgeschliffen, bis die Vitrine wieder in früherem Glanz erstrahlen konnte. Heute schmückt sie die östliche Seitenwand zusammen mit einem alten Chippendale-Stuhl.

Unten links: Die eher schlichte und unauffällige Holztruhe, neben der ein Keramikkrug steht, ist das älteste Stück im ganzen Haus. Friedel hat das traditionelle Möbel von einem Fachmann schätzen lassen. Anhand des Originalanstriches könnte es um 1680 getischlert worden sein.

Linke Seite: Im Original belassen wurde das frühere Bretterhäuschen, das die Toilette beherbergte und von alters her nicht einmal über eine so genannte "Sickergrube" verfügte.

Durch eine kleine Türklappe in der Hinterwand wurde der Inhalt mit einer Schaufel direkt auf den angrenzenden Misthaufen befördert. Gäste des Hauses können auf diese Art auch einen Blick durch das besondere "Zeitfenster" in die nicht ganz so romantischen Bereiche des früheren Hoflebens werfen.

Rechts: Gleich neben dem Wohnhaus hat Joachim Friedel einen Park angelegt. Skulpturen wie das Liebespaar oder der Tamburinspieler (Mitte rechts) schaffen besondere Blickpunkte.

Mitte unten: Viele kleine Wege führen durch das weitläufige Gelände. Über eine Holzbrücke gelangt man in den hinteren Teil der Anlage mit Pavillon und Seerosenteich. Antike Gartenmöbel laden zum Verweilen ein. An die vierzig Laubbäume, darunter auch seltene Arten, hat der Naturliebhaber hier gepflanzt.

Rechts: Eine von mehreren Quellen im Garten wurde mit einem Engelskopf verziert und macht durch leises Plätschern auf sich aufmerksam.

Rechts unten: Auf dem Gelände gibt es einen Erdkeller, der zum Kühlen der Getränke genutzt wird und den Joachim Friedel zum Weinkeller ausbauen möchte.

Mühle am Waldrand als Refugium für Künstler und Kreative

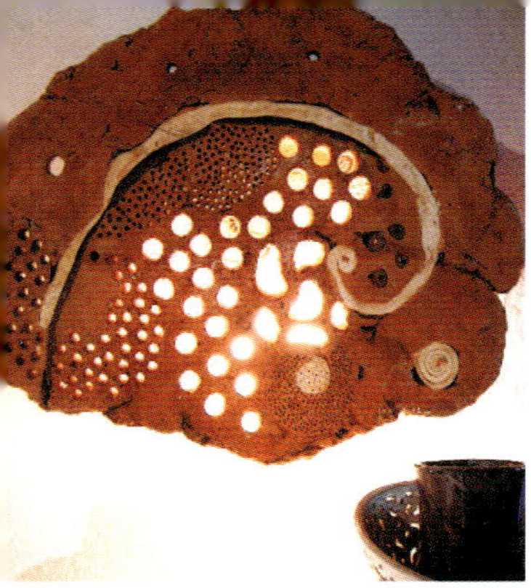

Oben: Mit ihrer besonderen Lage ist die Schaddelmühle seit Jahrzehnten ein Refugium für Künstler und Kreative aus der Region. Was hier geformt, gebrannt und bemalt wird, ist in den Räumen ausgestellt. Oben eine tönerne Lampe mit Spiralform und runden Durchbrüchen aus dem Atelier des Keramikers Frank Brinkmann.

Rechts: Blick auf die einstige Wassermühle vom Garten aus. Unter der Kastanie steht eine Skulptur aus Ton und Holz. Die Künstler nutzen das Außengelände am Wald auch gern, um ihre Exponate auszustellen.

Unten: Die Bodenvase hat Frank Brinkmann zusammen mit der Künstlerin Mechthild Mansel hergestellt.

Es scheint so, als ob hier alles abfließt, sagt die Malerin Monika Janus-Sommer. Die Künstlerin aus Leipzig ist begeistert von der idyllischen Lage und dem Bach, der an der Schaddelmühle vorbeirauscht. Sie hat es sich mit einer Decke und einem Buch auf der Wiese gemütlich gemacht. Große Kastanienbäume beschatten den Garten, in dem bizarre, tönerne Skulpturen stehen. Zusammen mit anderen Teilnehmern arbeitet die Malerin hier an einem Wandrelief, dessen Motiv zur Integration von Migranten beitragen soll. Nach getaner Arbeit genießt sie ganz bewusst die stillen Stunden mitten in der Natur.

So wie ihr geht es auch anderen, die in die grüne Oase am Waldrand eintauchen. Es ist ein Ort der Beschaulichkeit, der schon vor Jahrzehnten Künstler und Kreative in seinen Bann zog. Der Keramiker Frank Brinkmann ist einer, der damals dazugestoßen ist und "durchgehalten hat". Heute leitet der Künstler, der mit seiner Familie nur wenige Kilometer entfernt lebt, den Förderverein Schaddelmühle. Auch wenn die Beschaulichkeit von einst einer regen Betriebsamkeit gewichen ist, das Lebensgefühl von damals gibt es noch. Die besondere Symbiose zwischen Natur und Kunst am Leben zu erhalten, ist heute das Ziel der Vereinsmitglieder, zu denen engagierte Leute aus ganz Sachsen gehören. Ausstellungen mit anderen Künstlern werden vorbereitet, Workshops und Kurse angeboten. Wer mag, kann seinen Aufenthalt auch selbst organisieren, in der großen Küche kochen, in der Werkstatt, dem Wald und den Wiesen kreativ sein und die Abende in der Mühle gemütlich allein oder mit Freunden ausklingen lassen. Daneben gibt es immer wieder themengebundene Veranstaltungen, zu denen der Verein einlädt.

Oben: Die Einrichtung der Schaddelmühle ist so ursprünglich wie einst und lädt zu einem gemütlichen Beisammensein ein.

Links: Die Malerin Monika Janus-Sommer mit einem Buch im Garten.

Unten: Hier kann man selbst kochen. In der Küche finden Gäste alles, was sie für die Zubereitung eines Mahles brauchen.

Vor dreißig Jahren gab es hier nur eine romantische Mühle mit morbidem Charme und einige Maler und Keramiker, die ihre Idee vom kreativen Schaffen auf dem Lande in die Tat umsetzen wollten, erzählt Brinkmann. Ein Kollegium wurde gegründet, in dem jeder eine Aufgabe für den Erhalt und die Pflege des Anwesens übernommen hatte. Ein Seitengebäude diente einigen der Gründer zeitweise als Wohnhaus und Atelier. Diese Räume sollen nun wieder neu belebt werden. Ein Seminarraum mit kleinen Nebenräumen und eine Galerie entstehen, in der künftig Keramiken der Schaddelmühle ausgestellt werden sollen.

Keramiken gehören untrennbar zum Umfeld, in dem sie entstehen. Viele Stücke haben eine interessante und wechselvolle Geschichte. Auf diese aufmerksam zu machen, ist das Anliegen von Präsentationen, die hier vorbereitet und inszeniert werden. Eine Ausstellung "TON-ART" wird über das aktuelle Schaffen einheimischer Künstler informieren. Gezeigt werden die Exponate nur wenige Kilometer entfernt im Schloss Colditz.

Oben, Mitte und unten: Skulptur, Vasen und Wandbild des Keramikers Brinkmann. Das Leben in der Natur hat sich auf sein künstlerisches Schaffen ausgewirkt. Viele der Arbeiten scheinen direkt mit der Umgebung zu verschmelzen, in der sie hergestellt worden sind.

Eine "Route der Keramik" soll parallel auf traditionelle Keramikhersteller wie Kohren-Sahlis oder Waldenburg zusammen mit Sehenswürdigkeiten der Regionen Leipzig und Chemnitz aufmerksam machen. Eine ansehnliche Sammlung historischer und zeitgenössischer Stücke gibt es bereits.

Rechts: Ein wunderschönes Wandbild aus Keramik bringt eine Innenwand des Seitengebäudes zum Leuchten. Hergestellt hat es der Künstler Horst Skorupa.

Rechts außen: Das Seitengebäude mit Laubengang war dreißig Jahre lang ein Künstlerdomizil. Nach dem Umbau sollen hier Seminare stattfinden.

Unten: In der Werkstatt entsteht ein Wandbild, das zur Auseinandersetzung mit der Integration von Migranten beitragen soll. Das fertige Relief wird später an der Schwimmhalle der Stadt Grimma installiert.

Kreatives Haus mit besonderer Vergangenheit

Das Haus der Familie Ziegler ist ein Anwesen, das seit seiner Erbauung vor über einhundert Jahren viele Eigentümer erlebt hat.

Die neuen Besitzer haben einen der größten Kreativläden der Region eingerichtet und führen ein offenes Haus, in dem auch Künstler die Möglichkeit bekommen, Kurse und Lesungen zu veranstalten, Theater zu spielen oder auszustellen (oben).

Rechts: Die Geschäftsräume im Vorder- und Hinterhaus sind durch einen romantischen Innenhof verbunden. Der von Wein und Rosen überwucherte "Patio" mit Holzbalkonen ist vor Jahren als schönster Innenhof der Stadt Grimma gewürdigt worden.

Er wird von der Familie selbst für gemütliche Stunden genutzt und dient auch als geschützter Ausstellungsraum im Freien, der den Gästen zu einem Plausch bei einer Tasse Kaffee offen steht.

Zu ihren eigenen vier Wänden, die ca. 170 Jahre alt sind, hat die Geschäftsfrau Uschi Ziegler ein ganz besonderes Verhältnis. Sie weiß, auf welche Art Häuser zu Menschen "sprechen". Viele hatten ihr vom Kauf des großen Eckhauses abgeraten, in das sie sich bei einem Gang durch die Stadt verliebt hatte. Einst als "Hotel zum Kronprinz" erbaut, hatte es ständig wechselnde und meist auch glücklose Besitzer gehabt. Man erzählte sich auch, dass es darin spuke und ein Fluch auf dem Gemäuer liege.

Uschi Ziegler hatte damals noch ein kleineres Ladengeschäft auf derselben Straße und interessierte sich für das große leer stehende Haus. Der Kaufpreis erschien ihr zu hoch. Der Gedanke an einen größeren Laden mit mehr Platz und guter Lage war trotzdem verlockend. So pachtete sie zusammen mit ihrer Familie zunächst die neuen Geschäftsräume.

Dass wenig später alles „untergehen“ würde, konnte sie zu der Zeit noch nicht ahnen. Nur wenige Monate später setzte die nahe gelegene Mulde mit einer nie dagewesenen Flutwelle die Straßen Grimmas meterhoch unter Wasser. Eine Katastrophe für die ganze Stadt und ein wirtschaftliches Fiasko für viele Gewerbetreibende, die wie Uschi Ziegler über Nacht alles verloren, was sie sich in den Jahren zuvor aufgebaut hatten.

Die energiegeladene Geschäftsfrau gab ihre Pläne trotzdem nicht auf. Sie sprach bei der zuständigen Bank vor und wollte das alte Haus, das durch die Flut neuerliche Bauschäden erlitten hatte, nun kaufen und sanieren. Ein mutiger Schritt, zu dem sie sich intuitiv entschlossen hatte. "Wenn du willst, dass wir hierbleiben, dann musst du uns helfen", hatte sie gedacht. Ihre Gebete seien dann wie durch eine Fügung erhört worden. Es sei fast so gewesen, als ob das Haus es "auch selbst gewollt" habe, beschreibt sie ihr Gefühl. Zwei Tage später sei die ersehnte Zusage für den Kauf erteilt worden.

Oben: Mit einem großen Fundus an Utensilien für Künstler und geschmackvollem Interieur ist die ehemalige Remise des Hauses in eine Schatzkiste für Kreative verwandelt worden.

Mitte rechts: Im selben Raum wurden früher die Pferde angebunden. Die alten Eisenringe sind zur Erinnerung im Mauerwerk belassen worden.

Rechts unten: Ein Regal mit Dekoration schmückt den gepflasterten Innenhof.

In der Folgezeit zogen die Handwerker ein, legten Familie und Helfer Hand an das unterspülte Gemäuer. Hof und Seitengebäude wurden in die aufwändigen Baumaßnahmen einbezogen, neue Geschäftsräume geschaffen. „Aber immer hatte ich das Gefühl, dass jemand da ist, besonders nachts, wenn ich allein war. Sogar meine Kinder sprachen davon“, erinnert sich die Eigentümerin. Von Leuten aus der Stadt wusste sie, dass die frühere Besitzerin zwangsenteignet worden und nach diesem Unrecht verstorben war. Uschi Ziegler suchte auf dem städtischen Friedhof nach dem längst vergessenen Grab mit dem umgestürzten Stein und fand es auch. „Ich habe Rosen darauf gelegt, eine Kerze angezündet und sie verabschiedet“, erzählt sie. Seitdem sei Ruhe eingekehrt im großen Eckhaus.

In den vergangenen Jahren ist das Haus zum Mekka für Künstler und Kreative aus der Region geworden. Auf der Kleinkunstbühne im oberen Stockwerk werden Lesungen veranstaltet und Theaterstücke aufgeführt. In den Räumen darunter arbeitet ein kreatives Team mit einer schier unendlichen Fülle an Kreativ- und Bastelmaterial, Künstlerbedarf und Handarbeitsutensilien.

Links oben: Uschi Ziegler mit ihrer Tochter Susanne. Mutter und Tochter arbeiten zusammen im Kreativhaus und sind auch gleichermaßen kreativ. Neue Trends werden hier selbst ausprobiert, so dass die Frauen stets wertvolle Tipps parat haben.

Mitte links: Ein Blumenarrangement im Innenhof, darunter Stuhl und Laterne aus dem Fundus des Kreativladens. Der Stuhl ist eine Kreation des Ehemannes und Eigentümers, der Spielplätze aus Naturmaterialien baut und Innenhof und Laden mitgestaltet hat.

Rechts oben: Harmonie ist besonders wichtig, wenn man sich wohlfühlen möchte. Yin und Yang hängen als Symbol an der Decke.

Mitte rechts: Eine kleine Sammlung von Puppen und Textilien.

Rechts unten: Blick aus dem stilvoll gestalteten Ladeninneren in den romantischen Innenhof.

Bildhintergrund: Anregungen zum Gestalten der eigenen vier Wände bieten die breiten Fenster im Künstlerladen, die je nach Jahreszeit liebevoll dekoriert werden.

Leben im Rinderstall und Kunst in der Milchkammer

Oben: Das Wohnhaus, in dem Birgit Heitmann heute mit ihrer Familie lebt, war früher der Rinderstall eines großen Hofes.

Mitte rechts: Die Kunsthandwerkerin mit ihren Arbeiten. Mit dem Umzug aufs Land hat sie sich einen Lebenstraum erfüllt. In der früheren Milchabfüllkammer des Gutes betreibt sie ihr Atelier mit Werkstatt, in der sie Keramiken herstellt und Kurse veranstaltet.

Unten links: Eine Frauenfigur mit der für die Keramikerin ganz typischen filigranen Struktur.

Unten rechts: Blick in die schmucke Wohnung der Familie im einstigen Rinderstall.

Inspiriert hat Birgit Heitmann vor allem die ländliche Idylle, in der man Ruhe und Platz zum Arbeiten hat. Es habe etwas sehr Intimes und Persönliches, in einem so kleinen Dorf zu leben, erzählt die Keramikerin. An Stadtwohnungen gewöhnt und intuitiv nach einem Kontrast suchend, hatte sie sich beim ersten Besichtigungstermin sogleich in die Gewölberäume des früheren Kuhstalles verliebt. Nach dem Um- und Ausbau des großen Seitengebäudes ist ein geräumiges Zuhause für die Familie entstanden. Stube und Küche im Erdgeschoss sind durch große Glastüren direkt mit dem Garten verbunden. Schon immer wollte die Pharmazeutin ihre künstlerische Seite ausleben. So hängte sie, als Sohn Felix geboren wurde, ihren früheren Beruf an den Nagel und ließ sich im Kunsthandwerk ausbilden. Bei ihren Arbeiten lehnt sich die kreative Frau gern an maritime Ideen an oder setzt sich mit Themen auseinander, die sie besonders bewegen. In Haus und Garten sind Figuren zu finden, die durch filigrane Strukturen auffallen. Diese sind in den vergangenen Jahren zum besonderen Markenzeichen der Großbucherin geworden. Mittlerweile betreibt sie ein eigenes Atelier gleich hinter dem Wohnhaus in der früheren Milchkammer des Gutes und gibt ihr Wissen in Kursen weiter.

Rechts: Die Künstlerin im Spiegelbild mit einer ihrer Frauenfiguren.

Unten: Ein Schutzengel aus Keramik bewacht das Fenster.

Ganz unten: Ein kleiner Engel schaukelt verträumt im Kahn. Durch die Struktur der Keramik scheinen die natürlichen Materialien zu verschmelzen.

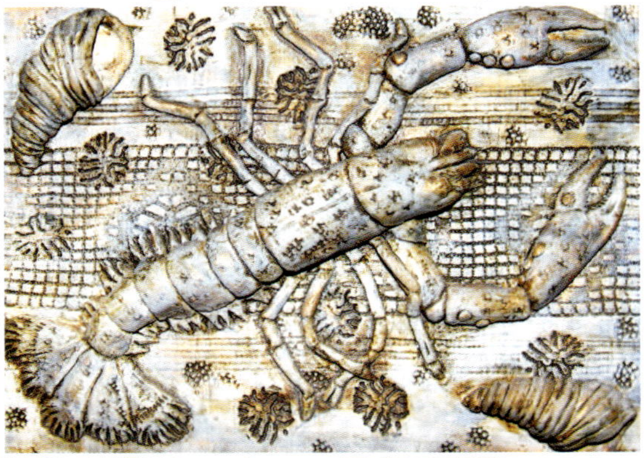

Keramiken in kühlen Türkis- und Blautönen verwandeln die Schlafstube im ersten Stock in ein maritimes Land der Träume. Passend zu den reich verzierten Exponaten sind die Zimmerwände ebenfalls blau getüncht worden.

Links: Kunst, die perfekt zum Element Wasser passt. Hängende Fische mit unzähligen kleinen Schuppen schmücken den rustikalen eisernen Ständer und die darauf liegende Waschschüssel.

Unten links: Einen antiken hölzernen Stuhl hat die Künstlerin blau angestrichen, bekrönt und mit aufwändigen Motiven verziert. Das so entstandene Kunstwerk mutet jetzt an wie der Königsthron des Meeresgottes. Passend dazu schmücken Kugelfische das Fensterbrett.

Rechts oben: Ausschnitt eines wunderschönen Reliefs mit Krebsmotiv, das zusammen mit anderen Keramiken zwischen den Stuhlbeinen eingesetzt ist.

Rechts unten: Die Stuhllehne hat die Künstlerin mit Fischen, Krone und Meerestieren besetzt.

Rechts: Gern setzt Birgit Heitmann historische Themen um, die mit ihrer Heimatregion zu tun haben. Als Hommage an Luther und dessen Frau Katharina von Bora, deren Leben und Wirken einst eng mit dem Kloster Nimbschen verbunden war, hat sie das Paar in Ton verewigt.

Mitte rechts: Eine schwarze und eine weiße Frauenfigur, mit der die Keramikerin die Thematik der unterschiedlichen Hautfarben und die damit verbundene Stigmatisierung aufgegriffen hat.

Rechts unten: Ihre Kenntnisse gibt Birgit Heitmann in Kursen weiter, die im Atelier in der einstigen Milchkammer des Hofes stattfinden. Die Regale sind bis in den letzten Winkel mit Stücken aus der Werkstatt gefüllt. Am großen Holztisch arbeiten die Kursteilnehmer.

Die früheren weißen Kacheln wurden einfach so belassen, wie sie waren und nur die Wände in einem freundlichen Gelb getüncht. Eine große Glastür bringt Licht und die Natur von draußen in den Arbeitsraum. Früher wurde hier die Milch vom benachbarten Rinderstall in große Blechkannen gefüllt. Die ehemalige Milchrampe vor dem Haus gibt es noch.

Pflanzenfarben, Lehmbau und heilende Hände

Oben: Das Plantschen mit Wasser macht dem dreijährigen Jonathan besonders viel Spaß. Schwester Klara passt auf, dass nichts daneben geht.

Rechts: Der Eingang zum noch in Sanierung befindlichen Handwerkerhof in Beucha. Die leuchtend weiße Fachwerkfassade gehört zum früheren "Auszugshaus", einem Seitengebäude, in das sich die ältere Generation aufs Altenteil zurückzog.

Eine Trockenmauer säumt den Weg zum Hof. Vom früheren großen Tor sind die Sandsteinsäulen übrig geblieben.

Unten: Saniertes Fachwerk im Flur in der oberen Etage des Wohnhauses.

Oben links: Isa Pfefferle-Walther hängt bunte Tücher zum Trocknen auf, die mit Ingredienzien aus Pflanzen gefärbt worden sind.

Unten links: Den Backofen aus Lehm hat Wolfram Walther gebaut. Angeheizt wird, wenn Gäste sich für einen Besuch anmelden.

Isa und Wolfram Walther leben mit ihren drei Kindern seit acht Jahren in ihrem Fachwerkhof südlich von Leipzig im Bad-Lausicker Ortsteil Beucha. “Wir haben uns zusammen mit unserem Haus weiterentwickelt und letztlich ganz neue Lebenswege beschritten”, schildert das Paar. In ihrem geräumigen Hof mit Scheune und Auszugshaus stecken viele Jahre aufwändiger Sanierungsarbeit, in denen die jungen Leute unermüdlich werkelten und parallel außerdem noch ihre berufliche Selbständigkeit aufbauten.

Das Fachwerk von Wohnhaus und Scheune wurde erneuert, die Wände mit Leichtlehmsteinen ausgemauert. Im oberen Stockwerk des Wohnhauses hat die Familie ihre Wohnräume eingerichtet. Nebenan im Auszugshaus, in dem früher die ältere Generation lebte, ist Pfefferle-Walthers Laden für Naturtextilien & Pflanzenfärberei untergekommen. In den dicken Bruchsteinmauern hängt der Duft von Lavendel und Rohseide. Parallel wird sie hier auch ihre Praxisräume für Entspannung, Klang und Heilung einrichten. Ihre Praxis hat die naturverbundene Therapeutin passend zur Art der Anwendungen und zum Umfeld mitten in der Natur “Im Einklang” benannt.

Wolfram Walther hat wertvolle Erfahrungen mit dem Werkstoff Lehm gesammelt. Heute ist er ein Fachmann des Metiers, der denkmalgerechte Sanierung nach ökologischem Vorbild anbietet.

Da beide Eheleute gleichermaßen kreativ und handwerklich ambitioniert sind, haben sie ihrem Lebensplatz, der gleichzeitig auch Ort ihrer Projektideen ist, den Namen „Handwerkerhof“ gegeben.

Besonders gern arbeitet Pfefferle-Walther (links auf der Wiese hinter ihrem Haus) mit tibetischen Klangschalen*. Für ihre gewerbliche Tätigkeit fährt die Therapeutin oftmals bis in die benachbarte Großstadt. Ergänzend heilt sie ebenfalls mit Reiki und energetischen Anwendungen. Dazu gehören auch ganzheitliche Lebensberatung, Entspannungstraining und Seminare.

*Pfefferle-Walther ist überzeugt von der Kraft und Wirkungsweise der Klangschalen. Die Ursprünge, so erklärt sie, liegen in Indien, wo die heilende Kraft der Klänge nach wie vor einen hohen Stellenwert habe. Im fernöstlichen Kulturbereich gelte die Vorstellung, dass ein Mensch, der harmonisch schwingt, auch gesund ist.

Die Entstehungsgeschichte der formschönen und reich verzierten Metallschalen sei dabei gar nicht eindeutig geklärt. Pfefferle-Walther hat beim Nachlesen in der Fachliteratur herausgefunden, dass Klangschalen schon seit Beginn der Metallverarbeitung durch den Menschen existieren. Gefertigt werden sie auch heute noch in den Regionen um den Himalaya.

Das traditionelle Handwerk sei recht aufwändig, erzählt sie. Je nach Größe werde eine Klangschale bei ihrer Entstehung ca. zwanzig bis neunzig Mal erhitzt. Den Rohling schmieden vier bis sechs Handwerker, wobei ein perfekter Rhythmus der Hammerschläge wichtig sein soll. Zum Abschluss werde eine so aufwändig gefertigte Klangschale durch Ausschaben per Hand gereinigt und erhalte so ihre glänzende Oberfläche. Über den ursprünglichen Gebrauch seien unterschiedliche Interpretationen bekannt, erklärt die Therapeutin. Verwendet wurden Klangschalen demnach auch als Essgeschirr, Aufbewahrungsgefäß oder Opferschalen.

Linke Seite: Die Heilerin führt den weichen Klang ihrer Schalen vor. Im Freien klingen sie ebenso sanft und weich wie im Raum. Bei der Anwendung entfalten sich wohltuende Schwingungen im Körper der Klienten.

Oben: Der Eingang zum Wohnhaus der Familie. In der oberen Etage sind gemütliche Wohnräume entstanden.

Mitte: In der Küche treffen sich Familie und Freunde zum Essen und Plaudern.

Unten: Praxisliege der Heilerin mit Klangschale, Stimmgabeln und Zimbel.

Alte Bäckerei ganz neu mit Holz, Stuck und Naturfarben

Der Malermeister Matthias Weber und Astrid Haynert haben eine ehemalige Bäckerei erworben und diese zum Wohnhaus um- und ausgebaut.

Oben und rechts: Das ehemals eher funktional gestaltete Haus lässt die Handschrift des Handwerkers erkennen, der Innenräume und Fassade mit Stuckelementen veredelt hat. Heute dominieren hier Holz und warme Naturtöne.

Stuck dort anzubringen, wo es früher keinen gab, ist kein Problem, wenn das Handwerk gut ausgeführt worden ist. In ländlicher Umgebung war früher schon „Bauernstuck" üblich, der schlichter gestaltet wurde und auch besser zu den vergleichsweise niedrigen Deckenhöhen passte.

Bei der ersten Besichtigung war das langgestreckte Haus mit seinen verschachtelten Zimmerfluchten nicht wirklich schön zu nennen, schildert das junge Paar den Neubeginn. In der ehemaligen DDR als Bäckerei betrieben, waren die Räume des großen, direkt an einem alten Steinbruch liegenden Landhauses vor allem funktionell ausgelegt. Heutigen Vorstellungen nach Licht, Luft und Gemütlichkeit konnten sie nicht gerecht werden. Liebe zum Detail und Gespür für das ländliche Interieur haben aus dem „hässlichen Entlein“ schließlich doch einen stolzen Schwan gemacht.

Mit viel Aufwand hat der Malermeister zusammen mit Familie und Freunden das komplette Haus saniert, alte Wände entfernt, Bauernstuck aufgebracht, die Wände in Naturtönen geputzt und mit passender Schablonenmalerei verziert. Bei der Farbgebung hat ihn vor allem die umliegende Natur mit ihren Rost-, Ocker- und Grüntönen inspiriert.

Bei der Wahl der Farben und Materialien sollte man sich von seiner Umgebung leiten lassen, erklärt er. Dann füge sich ein Haus harmonisch in die Landschaft ein. Schlichtheit in Form und Farbe sei bei Landhäusern angesagt. So wirken helle oder pastellfarbene Töne passend. Grelle Töne können mit matten Partikeln gemischt werden, die möglichst aus Naturmaterialien bestehen und mit den Farben der Natur harmonieren sollten.

Rechts: Holz, Schablonenmalerei und Stuck verwandeln den einst so dunklen Hausflur in einen hellen, einladenden Eingangsbereich.

Mitte rechts: Die ehemaligen Fensteröffnungen wurden wieder hergestellt und mit traditionellen Holzrahmen versehen, die Fassade mit einem warmen Ockerton geputzt. Das helle Grün der schlicht verzierten Leisten passt gut dazu und hält auch der Sommerhitze stand.

Rechts unten: Eine Bruchsteinmauer umfriedet den Garten neben dem Haus. Bei der Farbgebung im Inneren hat den Malermeister vor allem die umliegende Natur inspiriert.

Linke Seite: In schlichter Eleganz präsentiert sich das lichtdurchflutete Treppenhaus. Es ist zugleich eine Visitenkarte für den Malermeister, der hier einen Bereich mit Stuckelementen und Schablonenmalerei gestaltet hat, der früher völlig schmucklos war. Die Goldtöne der Holzdielen, Türen und Schränke sind mit dem Ton der Wandfarbe aufgegriffen worden. Der große alte Schrank neben dem Fenster ist liebevoll saniert und stammt noch von Astrids Oma.

Rechts oben: Traditionelle und moderne Elemente sind in der Küche kombiniert worden. Die modernen Einbaumöbel passen gut zum Tisch mit kariertem Tuch und alten Stühlen sowie dem Schachbrettmuster der Fußbodenkacheln.

Mitte rechts: Als Kontrast zu den Goldtönen des Hauses sind einige Zimmer, hier das Arbeitszimmer der Eigentümerin, in kühlen Pastelltönen getüncht worden.

Tipp: Wer sich nicht sicher ist, wie ein Farbton zur Geltung kommt, kann einen kleinen Teil der Wandfläche im gewünschten Ton streichen, trocknen lassen und diesen im Lampenlicht und am Tag jeweils einer genauen Prüfung unterziehen.

Übrigens: Niedrige Landhausdecken wirken höher, wenn die hellere Deckenfarbe an der Wand ein Stück weit heruntergezogen wird.

Unten rechts: Die alte Kellertür wurde beim Umbau eingespart, so dass auch im Erdgeschoss und Souterrain ein helles, offenes Treppenhaus entstanden ist.

Ganz rechts: Interessante Einblicke ins Innere des Berges, an den sich das Haus schmiegt, gewähren kleine eingebaute Nischen, die am Fels enden. Wahrscheinlich stammen diese noch aus der Zeit der Erbauer und dienten zum Aufstellen eines kleinen Talg- oder Kerzenlichtes beim Abstieg in den dunklen Keller.

Gemahlenes Korn, duftende Kräuter und frischer Kaffee

Oben: Im Hofladen des Gutes Gadewitz stehen frisch gepflückte Sommerblumen aus dem eigenen Bauerngarten, die in der von Hand getöpferten Keramik besonders schön zur Geltung kommen.

Rechts: Der Blick vom Hof aus auf den Eingang zum Hofladen. Früher war dies die Kummethalle, in der die gepolsterten Bügel und Geschirre der Zugtiere zum Trocknen aufgehängt wurden.

Die Halterungen aus Holz in der Wand gibt es noch. An der Anzahl der gemauerten Bögen einer Kummethalle war früher die Größe des Bauerngutes erkennbar.

Von da aus gelangte man in den Stall. Heute bildet das Dunkelgrün von Holztür und Fenstern einen schönen Kontrast zu den Ockertönen der Fassade.

Aus einem weißen Leinensack an der Wand rieseln Dinkelkörner in eine Glasschale. Gleich darauf wirft Maja Horlacher die Getreidemühle an. Es rauscht. Feines Mehl rieselt in eine Papiertüte. Das gemahlene Korn ist noch warm. Einkaufen im Hofladen des Gutes Gadewitz ist vor allem ein sinnliches Erlebnis. Es duftet nach Kräutern und Backwaren. In der Küche nebenan wird Kaffee gebrüht, den die Ladeninhaberin nach Wunsch auch mit frisch gebackenem Kuchen serviert. Zusammen mit Ehemann und zwei Töchtern ist die 40-Jährige vor zehn Jahren in das kleine Dorf gezogen. Das Paar hatte gezielt einen Hof zum Bewirtschaften gesucht und sich in das großzügige Anwesen am Ortsrand verliebt. Mit Gespür für die alte Bausubstanz, viel Liebe zum Detail und neuen originellen Ideen wurden nach und nach Wohnräume und Nebengelass um- und ausgebaut. Das Erdgeschoss war mit seiner ländlichen Einrichtung noch in seinem ursprünglichen Zustand wie vor einhundert Jahren erhalten. Ein unschätzbares Geschenk für die neuen Besitzer, die alles so authentisch wie möglich belassen wollten. Der Hofladen ist das jüngste Projekt. Dafür wurden Rinder- und Pferdestall zum Verkaufsraum umgebaut.

Ein paar Jahre hat es schon gedauert, bis die Idee spruchreif wurde. Vorher besuchte die Eigentümerin Seminare und schaute sich auf Märkten um. Wenn schon ein Laden auf dem Lande, dann sollte der auch typisch ländliche Waren haben. Ihr neues Konzept ging mit Kunsthandwerk und Nahrungsmitteln aus heimischer und somit nachvollziehbarer Herkunft auf. Geeignete Zulieferer fanden sich dann überwiegend in der Region. Ein paar Produkte sind auch weiter gereist, stammen aus Sachsen oder angrenzenden Bundesländern.

Links: Regale und Körbe im Hofladen sind mit frischem Bioobst gefüllt.

Rechts: Mit dekorativem Emaillegeschirr mit Lavendelmuster entsteht eine mediterrane Stimmung.

Die Wände im Hofladen sind in warmen Farben gestrichen. Das Tonnengewölbe wurde weiß belassen und kommt dadurch besonders gut zur Geltung (rechts). Einen schönen Kontrast zu den getünchten Flächen schaffen raue Bruchsteinmauern, die stellenweise in ihrem ursprünglichen Zustand belassen wurden (unten rechts). Die Rundbogenfenster geben den Blick auf die ländliche Umgebung frei. Der große Raum ist durch die geschickte Anordnung alter Möbel unterteilt worden. Nischen sind mit Geschirr, Holzwaren, Textilien und Lebensmitteln angefüllt. Eine Spielecke für die Kinder und ein Platz zum Kaffeetrinken sind entstanden. Von der alten Heimat der Eigentümer zeugen noch ein paar rustikale ländliche Sammlerstücke, die überall im Laden zu finden sind. Andere Möbel stammen direkt aus dem Gut oder vom Trödler und sind liebevoll restauriert worden.

Dass hinter dem romantischen Landleben viel Arbeit steckt, versteht sich. Wohnhaus, Stall und Scheune sind größtenteils in Eigenleistung saniert worden.

Entstanden ist ein schmuckes Gebäudeensemble, das durch seinen erhöhten Standort und die leuchtenden ockerfarbenen Fassaden weithin sichtbar ist. Nach alter Tradition rahmen vier Gebäude den gepflasterten Innenhof ein (Vorderseite), in dessen Mitte eine über einhundertjährige Kastanie steht.

Linke Seite: Das weitläufige Außengelände mit Streuobstwiese hinter dem Haus ist zum Feiern wie geschaffen. An Pfingsten zum Tag der Mühlen veranstalten die Eigentümer jedes Jahr ein großes Hoffest.

Oben: Funktionell und schön ist das Ensemble am Eingang zum Hofladen. Hier steht die hölzerne Getreidemühle. An der Wand hängen leinene Kornsäcke. Auf Holztisch und Wandbord stehen die Backzutaten für Brot und Kuchen.

Mitte: Blick in den Hofladen. Textilien aus Baumwolle und Leinen geben zusammen mit antiken Sammlerstücken wie dieser alten Wäschemangel stimmungsvolle Anregungen für die Gestaltung eines ländlichen Refugiums.

Unten: Eine Auswahl dekorativer Keramik schmückt einen alten Holztisch. Die schönen Stücke werden ausschließlich in einheimischen Werkstätten getöpfert.

Weites Land und ein Teich zum Schwimmen

Oben: In Elbisbach haben Oliver Seidel und Petra Brauns den Hof gefunden, von dem sie schon immer geträumt hatten. Das Anwesen sollte auch nach dem Eigentümerwechsel so authentisch wie möglich erhalten bleiben. Holz und Fachwerk wurden ausgebessert, die Wohnräume behutsam saniert. Entstanden ist ein stilles ländliches Refugium, das mediterrane und rustikale Elemente vereint.

Rechts: Ein steinerner Rundbogen führt in die Küche im Erdgeschoss mit Kacheln, Dielenbrettern und Holzbalkendecke. Hier sind alle Gerätschaften offen ausgestellt und sofort zur Hand. Der Herd wird nach alter Tradition mit Holz befeuert.

Unten: Hier ist ein alter Kachelofen aus DDR-Zeiten einmal nicht abgerissen worden. Mit einer selbst gezimmerten Holzbank umfriedet, avanciert die Heizquelle zum gemütlichen Blickfang in der Stube.

Es scheint, als ob die Zeit stehen geblieben wäre im Bauernhof in Elbisbach. Fachwerkgiebel ragen unbekümmert in den blauen Sommerhimmel. Schafe weiden friedlich am Haus. Petra Brauns und Oliver Seidel haben hier mit zwei Hunden, Katzen und Schafen ein neues Zuhause gefunden. Das Paar hatte einige Zeit in der Stadt gewohnt und wollte künftig möglichst naturverbunden und autark leben. Für ihre Ziele hatten die beiden lange Zeit nach dem passenden Anwesen gesucht. Gefunden haben sie es auf ihrem Hof in Elbisbach mit seiner unverwechselbaren Authentizität und einer idyllischen Umgebung mitten in der Natur mit Wald und Weideland für die Tiere. Zum Hof gehört heute auch eine Käserei, die Petra Brauns betreibt. Eigentlich ist sie in der Region als Erzieherin tätig. Die Arbeit mit den Tieren und die Käseherstellung ist für sie ein Ausgleich zum anstrengenden Arbeitsalltag. Oliver Seidel saniert Stück für Stück Wohnhaus, Stall und Scheune und kümmert sich tagsüber um die Tiere. Für den gelernten Kfz-Mechaniker, der Jahre in der Stadt gelebt hat, ist das ländliche Refugium der Himmel auf Erden, mit einem Teich zum Schwimmen, weitem Land für die Tiere und einer Fülle an Möglichkeiten, ein ganz neues Lebensgefühl zu entdecken.

Oben: Ein geflochtenes Füllhorn mit Blumen hängt am hölzernen Vordach des Wohnhauses. Von hier aus hat man einen romantischen Blick auf den Hof und die Scheune.

Unten: Blick von der Bauernküche in die neu gedielte Wohnstube. Die Holzdecke wurde liebevoll saniert. Die Goldtöne der Bretter und Balken harmonieren mit den ockerfarbenen Wänden.

Hinter der ländlichen Romantik stecken allerdings auch Jahre voller Arbeit, in denen das Paar einzelne Gebäudeteile zunächst vor dem Verfall bewahren musste. Fachwerk und Mauern wurden ausgebessert, um die Scheune zu retten. Im Winter kommen hier die Schafe unter. Im Wohnhaus ist ein gemütlicher großer Raum zum Kochen und Essen entstanden. Im Freien unter dem Vordach hat man einen romantischen Blick auf den Hof und dessen Gebäude, die immer auch an früher erinnern. Altes Gerät von damals wird für die Arbeit auf dem Hof genutzt. Es ist ein besonderes Gefühl, wenn man auf diese Art in die Fußstapfen der Vorbesitzer tritt, schildert Oliver Seidel.

Das ganze Anwesen „atmet" Geschichte. Nicht nur außen, sondern auch im Inneren war bis vor dem Einzug des Paares fast alles so geblieben, wie es seit Anbeginn gewesen war. Einen nostalgischen „Hausschatz" haben die Hofbesitzer auf dem Dachboden gefunden: Ländliches Gerät und Spielzeug, alte Teile von Pferdeschlitten und anderes antikes Interieur. Über einhundert Jahre alte Fotos und Schriftstücke dokumentieren zudem das Leben der Bauern in früheren Generationen.

Links oben: Vom früheren Job des Eigentümers zeugen Oldtimer wie der alte „Bulli“ und ein VW Käfer, die auf dem Hof stehen.

Mitte links: Beim Innenausbau hat sich das Paar vom rustikalen Ambiente und von mediterranen Einflüssen leiten lassen. Die Einfassungen der Fenster sind weit nach innen geöffnet, Ecken und Kanten von Hand verputzt und weich abgerundet worden. Funktionell und schön ist das weiße Spülbecken mit ländlichem Küchengerät auf dem steinernen Sims.

Links unten: Hier darf alles so bleiben wie es ist. Die romantisch verwilderte Sitzecke am Giebel des Wohnhauses mit Lattenzaun und Holzmöbeln verbreitet eine wunderbare Gelassenheit und den Charme vergangener Zeiten.

Rechts: Zum Haus gehören mehrere Hektar Grasland, auf dem die Schafe weiden und ein großer Teich, dessen tiefe Grube früher zum Abbau von natürlich vorkommendem Ton genutzt wurde. Nicht nur die Schafe fühlen sich hier wohl. Auch die Eigentümer lieben den idyllischen Ort und gehen im eigenen großen Naturbad gern schwimmen. Und wenn Freunde zu Besuch sind, campen die natürlich auch am liebsten am Wasser.

Mitte rechts und unten: In ihrer Käserei stellt Petra Brauns nach traditionellen Rezepten Schafskäse her, die mit Kräutern verfeinert eine ganz spezielle Geschmacksnote bekommen. Später soll im Rinderstall ein Hofladen entstehen, in dem eigene Erzeugnisse und Waren aus der Region verkauft werden.

Taverne mit Muldenblick und alter Stadtmauer

Oben: Mit ihrem Gasthaus „Taverne“ haben sich Claudia Riehmer und Karsten Thalheim ihren Traum vom eigenen Lokal erfüllt.

Die Lage ist eine ganz besondere. Vom felsigen Vorsprung, auf dem das Haus steht, hat man einen atemberaubenden Blick ins Muldental.

Rechts: Das Haus gehört zu den ältesten erhaltenen Gebäuden im Stadtkern. Direkt daneben führte vor Jahrhunderten das Tor der alten Stadtmauer zur Burg.

Mitte rechts und rechts unten: Die Steinsäulen aus rotem Porphyr wurden aus einem anderen alten Gebäude hierher gebracht und eingemauert. Bogenförmige Durchgänge verbinden die beiden Gaststuben.

Unten: Romantische Plätze an der Burg Mildenstein und im angrenzenden Parkgelände sind nur wenige Meter hinter dem Gasthaus zu finden.

Sie leben gern in der charmanten Stadt mit ihren engen Gassen, dem alten Kopfsteinpflaster und den historischen Fassaden. Vom Fenster im oberen Stock haben die Leisniger Wirtsleute einen bezaubernden Blick auf den alten Stadtkern und das angrenzende Muldental. "Als wir unser Haus zum ersten Mal sahen, hing ein großes Schild mit der Aufschrift 'zu verkaufen' im Fenster und wir konnten uns gar nicht vorstellen, dass ein so marodes Gebäude jemals einen Abnehmer finden würde", erzählen Claudia Riehmer und Karsten Thalheim.

Mehrere Jahre bewirtschafteten die Gastronomen erfolgreich den Ratskeller der Stadt. Dass sie in nicht allzu ferner Zukunft das ehemalige Torwärterhaus auf dem Burgberg zu ihrem Lebensmittelpunkt auswählen würden, konnten die jungen Leute damals noch nicht ahnen. Ein Bauunternehmer aus der Region hatte das jahrhundertealte Gemäuer bereits für einen geplanten Um- und Ausbau entkernt. Durch Zufall erfuhren die beiden davon, dass das Haus zum Verkauf stand. Spontan entschieden sie sich dann für das denkmalgeschützte Objekt mit der besonderen Lage hoch oben auf dem felsigen Hang direkt vor den Toren der Burg Mildenstein.

Ihre mutige Entscheidung stieß bei Familie und Freunden zunächst auf Unverständnis. Und auch die Banken waren skeptisch. "Wenn Sie hier alles abreißen lassen, wäre es wohl das Beste", hatte ein Vertreter bei einer Besichtigung geraten.

Besondere Ideen waren in der Tat nötig, damit das einstige Torwärterhaus seine Funktion als Wohn- und Gasthaus erfüllen konnte. Die Räume waren vor dem Umbau eher dunkel und verwinkelt. In den baulichen Besonderheiten erkannten die neuen Besitzer aber schnell einen besonderen Vorteil. Für den Umbau holten sie sich Rat und Hilfe bei einem Bauunternehmer. Der verband Tradition und Moderne clever miteinander.

Die alte Stadtmauer, die direkt durch das Gebäude verläuft, verbindet heute den zweiten Gastraum mit den Sanitärräumen im hinteren Gebäudetrakt. Bei der Inneneinrichtung ließen sich die Wirtsleute von der mittelalterlichen Umgebung inspirieren und richteten sich überwiegend antik und rustikal ein.

Oben, Mitte und unten: Claudia Riehmer und Karsten Thalheim wohnen direkt über ihrem Gasthaus. Moderne Architektur wurde hier zwanglos mit traditioneller Bauweise verbunden. Vom Fenster im ersten Stock haben die Wirtsleute einen romantischen Blick auf die Dächer der umliegenden Häuser und das tiefe Muldental.

Oben: Nur wenige Meter hinter dem Gasthaus erheben sich die Mauern der Burg Mildenstein. Ein Vorteil für das Gasthaus, welches von den touristischen Veranstaltungen des Museumsbetriebes und den Altstadtfesten profitiert.

Links: "Taverne" (ehemals „Taberne") ist die ursprüngliche Bezeichnung für ein Weinlokal im Mittelalter. Den traditionellen Namen haben die Leisniger Gastwirte auf Anraten ihrer Gäste gewählt. Ein Esel mit kleinem Jungen lädt symbolisch zum "Ausspannen" und Verweilen ein.

Oben: Einen wunderschönen Blick hat die Terrasse der Taverne zu bieten, die hoch über dem Tal auf einem Felsvorsprung liegt. Von hier aus blickt man direkt auf die Mulde, die sich durch das Tal schlängelt. Besonders beliebt sind Ausflüge zum nahe gelegenen Kloster Buch.

Rechts: Die Terrasse der Taverne mit Blick auf die sanierten Wohnhäuser am Burglehn direkt vor der Burg Mildenstein. An schönen Tagen nutzt die Familie die besondere Lage auch gern selbst, um hier zu frühstücken oder abends ein Glas Wein zu trinken.

Rezeptvorschlag der Taverne:
Hähnchenbrustfilet „Florentin"
Zutaten für 5 Personen:

5 Hähnchenbrustfilets á 140 g
250 g Blattspinat
200 g Serranoschinken
200 g Sahne
500 g Bandnudeln
Fett zum Braten
Salz und Pfeffer
1 Tomate
1 Zweig Basilikum

Die Hähnchenbrustfilets der Länge nach aufschneiden (nicht durchschneiden), mit Salz und Pfeffer würzen. Den Blattspinat in die Hähnchenbrust legen und zuklappen. Danach das Hähnchenbrustfilet fest mit dem Serranoschinken umwickeln.

Das Filet von beiden Seiten in einer Pfanne anbraten, danach ablöschen und die Sahne dazugeben. Bei 180 Grad im vorgeheizten Ofen etwa 20 Minuten fertig garen. Die Nudeln in dieser Zeit kochen und auf Tellern anrichten. Das fertige Hähnchenbrustfilet tranchieren und mit der Soße auf die Nudeln geben. Mit einem Tomatenfilet und Basilikum garnieren.

Kochen im Stall und Feiern im Keller

Oben: Eine ländliche Malerei am Giebel des sanierten Hofes von Steffi und Michael Richter.

Unten und rechts oben: Ein besonderer Blickfang im Garten ist der alte Brunnen mit seinen dicken Bruchsteinmauern, der als solcher auch heute noch genutzt wird. Die Eigentümer haben die Wasserstelle erhalten.

Vor Jahrzehnten war der Brunnen lebenswichtig für die Bauern des Dorfes. Sie versorgten sich von hier aus mit Trinkwasser.

Rechts: Gerätschaften aus dem früheren Bauernhof erinnern Gäste an die Traditionen des Hauses.

Der Hof von Steffi und Michael Richter wäre wohl verfallen und abgerissen worden, hätte sich das Paar des Anwesens, das einst zum Rittergut des kleinen Ortes Hetzdorf gehörte, nicht liebevoll angenommen. Es sei keine leichte Entscheidung gewesen, aus der Stadt aufs Land zu ziehen, schildern die beiden ihren Anfang. Als die Familie mit zwei Kindern in den 80er Jahren Haus und Stallungen übernahm, war das einstige Bauerngut noch in seinem ursprünglichen Zustand. Am Anwesen war seit Jahrzehnten nichts verändert worden. Die Mauern bröckelten, das Dach war undicht. Eine Toilette gab es im Stall. Die Wasserversorgung kam aus dem Brunnen, der zugleich zehn weitere Familien im Dorf mit dem lebenswichtigen Nass belieferte. So galt es zunächst Haus und Hof Schritt für Schritt auf Vordermann zu bringen. Mit dem Umbau entwickelten sich neue Visionen. So entdeckten die Eigentümer, dass die großen Rinderställe wie geschaffen für die Bewirtung von Gästen sein könnten. Schließlich wurde eine Küche darin eingerichtet, die Idee für einen Partyservice geboren. Passend für die Pläne erschien dem kreativen Paar aber auch der Kartoffelkeller. Ein uriges und angenehm temperiertes Refugium mit dicken Bruchsteinmauern, das früher lebenswichtig für den Hof war, weil hier die Erntevorräte für ein ganzes Jahr eingelagert wurden. Daraus entstanden ist letztlich ein gemütlicher Raum mit Gewölbe, den heute nicht nur Familie und Freunde, sondern auch Vereine aus der Region gern nutzen, um hier zu feiern.

Oben: Der Partyservice vom Hof aus – hier lecker dekorierte Platten – ernährt heute eine ganze Familie.

Unten: Der einstige Kartoffelkeller beherbergt die Gäste des Hauses. Die Bruchsteinwände sind mit ländlichem Gerät dekoriert, welches die Eigentümer bei ihren Bauarbeiten in Haus und Hof gefunden haben.

Gärten

Ein Garten am Haus ist die natürliche Vergrößerung unseres Wohnraumes. Wenn wir darin arbeiten, lesen, picknicken oder einfach nur relaxen, können wir Bäume und Büsche als unsere natürlichen Wände, den Himmel darüber als Decke und den angrenzenden Lebensraum als zusätzliches Gestaltungselement betrachten. Sobald es draußen warm wird, können wir unseren Wohnbereich auf diese Art bewusst erweitern und schön gestalten.

Berichtet wird im Folgenden über verschiedene Varianten, Gärten anzulegen, zu nutzen und ins Umfeld des Hauses einzubeziehen. Dabei werden mit Kräuter-, Kloster-, Bauern- und Architektengarten dekorative Elemente, planerische Aspekte, aber auch Pflanzenarten und deren Verwendungsmöglichkeiten vorgestellt.

Das Thema des natürlichen Lebensbereiches direkt neben dem Wohnhaus ist auch in die übrigen Hausgeschichten im Buch eingeflossen. So sind interessante Anregungen auch auf den übrigen Seiten zu finden.

Mit leichter Hand und Liebe zur Natur

Oben: Heidi Gropp hat ihr Elternhaus zum Lebensmittelpunkt auserkoren. Hier wohnt und arbeitet die gelernte Gärtnerin und Floristin. Besonders liebt sie ihre romantische Sitzecke direkt an einer alten Mauer unter einem großen Lindenbaum, der seit Generationen neben dem Wohnhaus steht und Schatten spendet. Wenn nebenan das Schilf raschelt, fühlt sich die naturverbundene Frau wie im Urlaub.

Rechts: Bunte Blütenpracht und ländliches Gerät wirken wie ein Gemälde. An der Wand hängen alte Kummete. Auf einer hölzernen Karre stehen Sommerblumen. Im früheren Stall hat Heidi Gropp ihren Blumenladen eingerichtet. Hier gibt die Floristin Kurse und veranstaltet Hoffeste.

Unten: Gleich hinter dem Wohnhaus gibt es einen wunderschönen Bauerngarten mit Gewächshaus. Hier blühen auch anspruchsvolle Blumensorten wie dieser zauberhafte Hibiskus.

Heidi Gropp lebt mit ihren Kindern Julia und Christian auf dem Hof der Eltern in Zschockau im Landkreis Döbeln. Früher wurde hier Landwirtschaft betrieben. Heute führt die gelernte Gärtnerin ein eigenes Blumengeschäft. Hinter dem Haus gibt es einen wunderschönen Bauerngarten, in dem so gut wie alles wächst, was die kreative Floristin zum Dekorieren braucht. Bunter Blumenschmuck bringt den Hof zum Leuchten. Blumenbüsche und Kletterpflanzen ranken sich um alte Sandsteinsäulen und ländliches Gerät. Ihren großen, alten Leiterwagen hat die Floristin mit Sommerblumen geschmückt.

Ihre Pflanzen verarbeitet die Geschäftsfrau am liebsten frisch aus dem eigenen Garten. Der ist ein Gemeinschaftswerk von Mutter und Tochter, haben doch beide gleichermaßen den "grünen Daumen". Heidi Gropp ist froh, so viel von ihrer Mutter über den Gartenbau gelernt zu haben. Mit einem eigenen Riesenfundus an Grünschnitt und bunten Blumen bindet sie heute ihre Gestecke und Sträuße. Kreativität und Natürlichkeit sind Trumpf. Die junge Frau ist auf dem Land groß geworden und muss nicht lange nachdenken, wenn sie passende Arrangements zusammenstellt. Die Vorlage liefert die Natur rings ums Haus mit saftigen Weiden, duftenden Gartenblumen, großen Bäumen und einem weiten blauen Himmel, der sich über den großen Hof spannt. Auch Gras und Kräuter können schön aussehen. Den Leuten zeigen, dass man auch aus "ganz einfachen Dingen etwas machen kann", das will die Floristin. Festliche Hochzeitstafeln hat sie mit ihren natürlichen Ideen ebenso ausgestaltet wie Märkte oder Ausstellungen mit leichter Hand und Intuition, die zur ländlichen Umgebung passen.

Rechts: Aus Holzklotz, Wagenrädern und Windlicht ist ein natürliches Stillleben entstanden. Am rauen Putz rankt die Kletterrose "Leonardo Da Vinci" empor.

An Halloween veranstaltet die junge Frau ihr Hoffest. Dann gibt es Pfälzer Wein, Kürbissuppe oder auch Zwiebelkuchen aus dem eignen Herd, zu dem Freunde und Leute aus der Umgebung geladen werden. Heidis Zwiebelkuchen-Rezept ist einfach nachzubacken: Pizzateig ausrollen, Schmand und Kräuter-Crèmefraîche darauf streichen, Speck anschwitzen, Zwiebelringe verteilen und das Ganze bei 200 Grad ca. 20 Minuten backen.

Mitte rechts Der große Leiterwagen ist mit Blumen geschmückt.

Rechts: Der Bauerngarten hinter dem Gut wird von Mutter und Tochter bewirtschaftet. Hier wächst fast alles, was die Floristin zum Binden ihrer Sträuße und Gestecke benötigt.

Heilen, Würzen und Dekorieren

Oben: Undine Myja sorgt als Kräuterfrau im Kloster Buch dafür, dass alles grünt und blüht. Im Herbst und Winter werden die Pflanzen konserviert und getrocknet. Ihr Wissen gibt die Expertin in Kursen und Führungen weiter.

Rechts: Klöster hatten von alters her einen großen Garten, in dem Kräuter, Obst und Gemüse wuchsen. Ihr Wissen um die heilenden und würzenden Eigenschaften haben die Mönche in Büchern festgehalten. Im Kloster Buch werden diese Traditionen bewahrt. Es gibt einen regen Förderverein, der sich seit vielen Jahren für die Erhaltung und Umnutzung von Häusern und Gartenanlage engagiert.

Hohe Bäume rauschen, Rosen blühen am Zaun. Nebenan auf dem Beet duftet der Lavendel. Ein paar Frauen schreiten die langen Beete ab, schnuppern an den Kräutern und studieren die kleinen Schilder, die im Erdreich stecken. „Schön ist es hier“, schwärmt eine der Besucherinnen.

So still und romantisch war es nicht immer im Kräutergarten des Klosters Buch. 2002 wurde das Naturparadies vom Wasser der Mulde überflutet. Danach musste die Gartenanlage völlig neu gestaltet werden. Den Auftrag dazu erteilte der Förderverein des Klosters. Ein Architekturbüro aus Grimma übernahm die Neugestaltung des Areals nach altem Vorbild. Freunde und Besucher füllten gemeinsam ein Spendenbeet mit einem Teil der verloren gegangenen Pflanzen.

Entstanden sind Kraut-, Waben- und Arzneigarten, die mit ihren gekennzeichneten Arten über die einzelnen Themen informieren. Im Frühjahr gibt es junge Pflanzen auch direkt aus dem Gewächshaus. Neben jahrhundertealten Laubbäumen sind hier auch seltene Gehölze mit traditionellen Obstsorten zu finden. Die einzelnen Kulturen sind beschriftet, damit sich Besucher über Art und Anwendung auch selbst kundig machen können.

Über die Wirkungsweise der verschiedenen Inhaltsstoffe informiert die Kräuterfrau Undine Myja in Fachvorträgen und Führungen. Sie weiß genau, welche Kräuter heilende, würzende oder dekorative Eigenschaften besitzen. Wie diese anzuwenden sind, führt die Klosterfrau in Kursen und Verkostungen vor, die sie im Kräutergewölbe des Abthauses veranstaltet. Gemeinsam mit Besuchern stellt sie dann Essenzen und stimmungsvolle Dekorationen her, die heute auch im Lädchen im ehemaligen Kuhstall präsentiert werden. Für ihren neuen Beruf hat die Ingenieurin noch einmal die Schulbank gedrückt. Viele Grundlagen der Kräuterkunde hat sie jedoch auch ganz praktisch durch ihre jahrelange Arbeit im Klostergarten erworben. Die fleißige Arbeit hat sich gelohnt. Die Expertin errang bei einem Wettbewerb in Oberwiesenthal den Titel “Erzgebirgische Kräuterkönigin”.

Rechts: Prachtvoll blühende Rosenbüsche wie diese weiße Stockrose bringen eine Ecke des Klostergartens zum Leuchten. Der Zaun ist nach altem Vorbild aus Weidenruten hergestellt worden, die miteinander verflochten sind.

Unten: Blick in die Werkstatt der Kräuterfrau. Jedes „Kräutlein“ muss auf eine besondere Art gepflückt, getrocknet und verarbeitet werden, damit dessen Inhaltsstoffe wirken und es zur Geltung kommt.

Aus Kräutern lassen sich aber auch wunderschöne Kränze binden. In geflochtenen Körben, alten Zinkkrügen und -wannen kommen die duftenden Arrangements besonders gut zur Geltung.

Heilende Kräuter wurden mit der Zeit nicht nur in den Klostergärten, sondern auch in bürgerlichen und bäuerlichen Hausgärten angepflanzt.

Von den klösterlichen Erfahrungen profitierte schließlich auch die weltliche Apotheke, die sich seit dem 14. Jahrhundert in den Städten verbreitet hatte. Apotheker legten eigene Kräutergärten an und arbeiteten fortan mit öffentlichen Gesundheitseinrichtungen zusammen.

Der Arzneigarten des Klosters (links außen) liegt auch heute noch neben dem früheren Krankenhaus, das derzeit zu Ausstellungszwecken dient.

Im Krautgarten (links), der früher auch zu Lehrzwecken genutzt wurde, wachsen neben duftenden Kräutern seit Anbeginn auch diverse Gemüsesorten.

Ein Kräutergarten kann unabhängig davon, ob er neben dem Wohnhaus oder wie hier am Kloster angelegt wird, mehrere Funktionen übernehmen. Wichtigste Aufgabe zur Zeit der Zisterziensermönche: Das Heilen von Kranken. Aus dem Grund gab es direkt neben dem klösterlichen Krankenhaus einen gut bestückten Arzneigarten. Früher war das Kräuterwissen den belesenen Mönchen vorbehalten. Später trugen die "Kräuterweiber" nicht ohne erhebliches Risiko ihr spezielles Wissen um die besonderen Wirkstoffe nach draußen. Neben Arznei- und Kräutergarten gab es im Kloster auch einen großen "Krautgarten", in dem unzählige Gemüsesorten wuchsen. Nach der Reformation wurde das Areal für Schüler genutzt, die im Gartenbau unterrichtet wurden. Kleine handbeschriftete Holzschilder übernahmen die Unterweisung in der Artenvielfalt im weitläufigen Lehrgarten.

Linke Seite unten: Kräuterbeete wabenförmig anzulegen, ist eine platzsparende und zugleich dekorative Art, einen eigenen Garten zu gestalten. Der Gärtner behält den Überblick über die einzelnen Sorten, die ihre Nachbarpflanzen auf diese Art nicht so schnell überwuchern.

Oben rechts: Blick durch den steinernen Bogen einer alten Klostermauer. Neben den Gärten lädt auch die idyllische Lage des Ortes mit Führungen, Ausstellungen zur Historie und einem weitläufigen Gelände direkt an der Mulde Besucher zum Verweilen ein.

Rechts: Eine Augenweide sind die üppig blühenden Rosenbüsche im Kloster. Viele der Arten sind recht anspruchsvoll und benötigen einen besonderen Standort. Mit den Blättern und Blüten der Rosen gibt es eine Fülle von Anwendungsmöglichkeiten für Speis, Trank, duftende oder auch heilende Essenzen.

Rund um die Thematik veranstaltet das Kloster jeweils im Sommer ein Rosenbuffet, an dem neben der Kräuterfrau und Mitarbeitern des Klosters auch Kunsthandwerker und Händler aus der Region teilnehmen.

Wilde Kräuter und uralte Geschichten

Oben: Eine Fingerhutpflanze im Kräutergarten in Falkenhain. Die landläufig als „giftig“ bekannte Spezies war bereits seit Jahrhunderten als Heilmittel bekannt und ist eine der ältesten Arzneipflanzen. Heute wird der Fingerhut in standardisierten Präparaten zur Behandlung von Herzerkrankungen eingesetzt.

Rechts: Die “Kräuterhexe” Grit Nitzsche mit ihrem prächtig blühenden Holunderbaum, von dem sie vielerlei Geschichten zu erzählen weiß. Die Blüten und Früchte des schwarzen Holunders finden Verwendung als Heilmittel, Lebensmittel und Farbstoff. Holundersaft und Holunderbeeren, aber auch Tees aus den Blütenständen gelten als Hausmittel gegen Erkältung.

Es ist die Welt der Pflanzen, des Geschmackes und der Düfte, die Grit Nitzsche fasziniert. Ganz besonders liebt die charmante Falkenhainerin aber ihre Wildkräuter und weiß darüber uralte Märchen zu erzählen, wie die vom Holunderbusch, in dem Frau Holle steckt, die als alte germanische Göttin entschied, ob ein Sterbender in den Himmel oder in die Hölle kam.

So manch alte Sage hat die Buchwissenschaftlerin mittlerweile mit einer gehörigen Prise Hintersinn und Humor uminterpretiert und fasziniert damit vor allem Kinder, die bei Führungen auf ihrem Kräuterhof wie gebannt lauschen, wenn die Frau, die so gar nicht ins Klischee des alten Kräuterweibleins passen will, mit einem verschmitzten Lächeln ihre Geheimnisse preisgibt.

Die Entscheidung für den romantischen Hof mit großem Kräutergarten und angrenzendem Saal für Events hat das naturverbundene Paar nicht ganz zufällig getroffen. Hier haben Grit Nitzsche und Jörg Beuthien all das vorgefunden, wovon sie schon immer geträumt hatten: Viel Platz für neue Ideen und einen weitläufigen Kräutergarten, in dem auch "Unkräuter" für die "Hexenküche" wie Brennnessel, Gänseblümchen & Co ihren Platz haben.

Rechts oben: Marmeladen, Liköre und Essig aus eigener Herstellung verkauft Grit Nitzsche im Kräuterladen direkt vom Hof. Daneben gibt es Naturprodukte von Berufskollegen.

Bei ihren Chutneys* experimentiert die Kräuterfrau gern mit ungewöhnlichen Zutaten. Die Idee dafür entstehe zuerst im Kopf, das Ergebnis sei dann wie eine Komposition eines Musikers, schildert sie.

Mitte rechts: Die alte Anrichte stammt noch von der Vorbesitzerin. Grit Nitzsche hält sie in Ehren und hat das Möbel mit einem frischen Mintgrün gestrichen, um ihre Waren darin auszustellen.

Rechts unten: Gemeinsam mit einer Papierschöpferin hat sie ein Kochbuch kreiert, in dem Rezepte rund um die Kräuterküche zu finden sind.

*Ein Chutney ist eine dickere würzige Sauce der indischen Küche. In Europa zubereitet, besteht sie meist aus Gemüse oder Früchten mit einer Reihe von scharfen oder süß-sauren Gewürzen. Chutneys werden entweder ähnlich wie Marmelade gekocht oder kalt püriert.

Links: Die meisten Lilienarten sind giftig. Die Kräuterexpertin weiß aber, dass Taglilien eine eigene Art, ganz lecker und in der Küche gut zu verwenden sind. Lieber nicht so viel Verschiedenes ausprobieren, dafür das Neue in unterschiedlichen Gerichten zubereiten, rät sie.

Links unten: Im Klee hinterm Haus kommen die leuchtend bunten Marmeladen, Liköre und Essigflaschen ganz besonders gut zur Geltung.

Rechts unten: Knackiger Lauch ist ein Küchengewürz und enthält Vitamin C sowie Kalium, Calcium, Magnesium, Eisen und Mangan.

Der intensive Geschmack rührt aus einer Schwefelverbindung her, die beim Verzehr eine antibakterielle Wirkung im Körper entfaltet.

Angewandte Kräuterkunde zum Heilen oder Genießen sollte für jeden verstehbar und erlebbar sein. Die Falkenhainerin erzählt, dass sie schon als Kind Gärtnerin werden wollte und im benachbarten Park eines großen Gutes dicke Kräutersträuße gesammelt hat, "auch wenn die sich in der Vase nicht so lange gehalten haben". Suchen und Pflücken, das hat etwas Meditatives, erzählt sie. Seit ihrer Kindheit hat die naturverbundene Frau Jahr für Jahr neues Kräuterwissen angesammelt, zuerst intuitiv vom "Hörensagen", dann aus einschlägiger Literatur. Ihr Faible gilt insbesondere den uralten überlieferten Rezepten, erprobt von Hausfrauen vor mehr als zweihundert Jahren und geeignet für die gesundheitsbewusste Familie von heute. Rezepte, die einfach umzusetzen sind und gut schmecken.

Links: Die "Jungfer im Grünen" ist eine der klassischen Blumen der verschmähten Liebe. Früher gaben junge Frauen nicht erwünschten Freiern ihre Ablehnung durch diese Blume zu verstehen. Das Öl aus den Samen wird zur Herstellung von Parfüms und Lippenstiften verwendet.

Oben: Die Königin der Blumen ist nicht nur dekorativ, sondern auch ein Träger feiner Aromen. Ihre Rosenbowle stellt Grit Nitzsche aus den Blütenblättern der üppigen Büsche her, die rings ums Haus wachsen: Süße Aromen wie das der Rose bekommen erst den richtigen Geschmack, wenn ein Kräutlein beigemengt wird, das den passenden Kontrast liefert. Ein Stängel Minze verhindert, dass die Bowle schmeckt, "wie schweres russisches Parfüm".

Der eigene Garten als Wohnung im Freien

Wer ein Haus mit Grundstück hat, wohnt im Sommer viel lieber draußen, als in den eigenen vier Wänden. Umso wichtiger, die großzügige Stube unter freiem Himmel möglichst attraktiv zu gestalten.

Oben: Der Eingangsbereich eines Hauses vermittelt einen ersten Eindruck über die Vorlieben der Bewohner. Blühende Rosen, Steingarten und Klinkertreppe verbinden die Architektur dieses Hauses mit der Natur im Freien.

Rechts: Mit einer Mauer im Garten wird die Illusion einer romantischen Ruine vermittelt. Dahinter ist eine gemütliche Sitzecke entstanden.

Wichtig bei der Gartenplanung ist jeweils die Funktion, die solch ein natürlicher Lebensraum übernehmen soll. Grundsätzlich gilt es, im Außenraum ganz ähnliche Prämissen zu setzen, wie bei der Gestaltung der eigenen vier Wände: Was wünschen sich die Nutzer, wie und wo möchten sie die einzelnen Tagesabschnitte verbringen? Welche Pflanzen eignen sich dafür? Gibt es Möglichkeiten, die direkte Umgebung des eigenen Hauses neu zu modellieren, eine ganz eigene Landschaft zu gestalten, die sich harmonisch in die Umgebung einfügt und das Ambiente auf eine ganz besondere Art zur Geltung bringt? Dies sind Fragen, die den Garten- und Landschaftsgestalter Dieter Vogel ständig beschäftigen. Wer zu ihm kommt, hat meist viel Platz aber keinen konkreten Plan für die Nutzung des Areals. In Frage kommen dann sowohl Gestaltungselemente aus der Pflanzenwelt als auch Materialien aus der Umgebung oder bauliche Details, die im Gelände markante Punkte setzen. Eine solche Idee ist eine künstlich geschaffene Mauer (linke Seite). Sie kann wie eine alte, romantische Ruine anmuten und bietet zudem Sicht- und Windschutz. Geeignet sind jeweils gestalterische Elemente, die einem Außenraum erst eine ganz persönliche Note verleihen. Wasser als Element des Lebens gehört unbedingt dazu. Ein Quellestein (unten) setzt attraktive Akzente und teilt die Gartenlandschaft, ähnlich wie eine Wohnung, in verschiedene Bereiche ein.

Oben: Eine Ecke mit Stauden, Blumen und Bruchsteinen, die aus der unmittelbaren Umgebung stammen.

Unten: Ein attraktiver Blickpunkt ist ein solcher Quellestein im Garten. Zudem entsteht eine kleine Tränke für Vögel und Insekten. Ein Oleander, der viel Wasser benötigt, ist der ideale Nachbar für die kleine Wasseroase.

Geschwungene Pfade aus Stein sind günstiger wie gerade angelegte. Eine zweite Skulptur im Hintergrund schafft einen weiteren interessanten Blickpunkt.

Links: Der Garten- und Landschaftsarchitekt arbeitet oft am Reißbrett. Überblick über die Fülle möglicher Details bringt ein genauer Plan. Bei der Modellierung einer Gartenlandschaft ist es vorteilhaft, mit Materialien zu arbeiten, die aus dem natürlichen Lebensraum stammen

Rechts oben: Günstig ist es immer, einen Hausbaum zu pflanzen. Der wird zum Markenzeichen eines Anwesens und sorgt zudem für ein schattiges Plätzchen am Haus.

Unten: Für die Begrenzung des Gartenteiches wurden Bruchsteine aus der Umgebung verwendet. Damit Sträucher und Pflanzen gedeihen, ist es wichtig, sich vorher über den bevorzugten Standort, Licht- und Schattenverhältnisse sowie die Bodenbeschaffenheit schlau zu machen. Auch der Platzbedarf der Arten ist beim Anlegen des Gartens zu beachten.

Rechte Seite: Der eigene Garten des Planers ist zugleich seine natürliche „Visitenkarte". Vogel hat vor Jahren ein ehemaliges Krankenhausgebäude gekauft und auf dem weitläufigen Außengelände mit Gartenteich, Bruchsteinen und schönen Bepflanzungen eine grüne Oase zum Wohlfühlen geschaffen.

Wohnen und Gestalten

Erfahrene Designer sind der Meinung, dass wir uns nur mit solchen Dingen umgeben sollten, die entweder nützlich oder schön und im besten Falle beides sind. Das, was uns im Einzelnen gefällt, sagt auch viel über unsere Persönlichkeit aus. Umso sorgfältiger sollten wir auswählen, was mit den Jahren in unsere eigenen vier Wände Einzug hält und aussortieren, was wir für unpassend halten.

Ein Haus oder eine Wohnung nach den eigenen Vorstellungen einzurichten, muss nicht zwangsläufig bedeuten, sich strikt nach einem bestimmten Stil zu richten. Mitunter bringt gerade der zwanglose Mix aus Tradition und Moderne jene Leichtigkeit ins Haus, die wir bei anderen bewundern.

Von Vorteil ist es, wenn dabei auch die eigene Kreativität mit ins Spiel kommt und einzelne Stücke passend zu den vorhandenen selbst angefertigt oder schöne alte Schätze liebevoll restauriert werden. Die folgenden Seiten sollen dazu die eine oder andere Anregung liefern.

Nostalgisches Interieur aus Eisen und Stahl

Oben: Die rustikalen Haken mit Verzierungen werden in der Eisenmanufactur Balzke in althergebrachter Art am Schmiedefeuer mit Hammer und Amboss gefertigt. Geeignet sind sie beispielsweise, um Wurst, Schinken, Kräuter, Töpfe, Gartengeräte oder Leitern daran aufzuhängen.

Rechts: Solch große eiserne Kronen zum Aufhängen von Kräutern und Gerätschaften gab es schon in mittelalterlichen Küchen. Dieses beeindruckende handgefertigte Exemplar mit Blumenmotiven ist mit seinen unzähligen Haken und einem großen Rost nicht nur äußerst praktisch, sondern ausgesprochen dekorativ.

Unten: Bank und Halter für das Kaminholz wirken wie ein Gemälde und bilden ein künstlerisches und gleichermaßen funktionelles Ensemble.

Eine Eisenstange wird zum Glühen gebracht und anschließend auf dem Amboss in Form geschmiedet. Die Funken sprühen bei jedem Hammerschlag. Unter der Wucht der Schläge verformt sich das Ende langsam zu einer Spitze. Noch einmal erglüht das Eisen im Feuer und wird dann mit weiteren gezielten Schlägen zu einer Spirale gebogen.

Kunstschmiede, wie die Brüder Balzke, wenden das traditionelle "Freiformschmieden" vor allem bei der Gestaltung hochwertiger Einzelstücke an. Es ist eines der ältesten handwerklichen Verfahren überhaupt. So fanden Hammer und Amboss schon vor tausenden von Jahren Verwendung. Während in den Anfängen vor allem Edelmetalle kalt geschmiedet und damit verschiedenste Formen hergestellt wurden, bekam mit der Erzgewinnung auch immer mehr das Schmieden glühenden Eisens größere Bedeutung. Insbesondere aufwändig gearbeitete und handgeschmiedete Stücke gelten seit Anbeginn des Verfahrens als Statussymbol.

Die Kunstschmiede greifen das uralte Brauchtum wieder auf. So müssen die hier hergestellten Möbel und Gebrauchsgegenstände vor allem funktionell und formschön sein, wenn sie die Werkstatt verlassen. Hochwertige Verarbeitung ist den Schmieden wichtig. Der Aufwand für eine besonders hohe Qualität soll gleichermaßen eine handwerkliche Hommage an solch traditionelle Stilrichtungen sein, wie die englische Arts-and-Crafts-Bewegung, mit der gegen Ende des 19. Jahrhunderts eine strikte Abkehr von allzu verspielten Formen hin zu besonders einfachen, zweckmäßigen und schönen Dingen stattfand.

Rechts, Mitte und unten: Im Feuer wird das Eisen zum Glühen gebracht und anschließend auf dem Amboss mit dem Hammer in Form geschmiedet.

Eine Prozedur, die aufwändig ist, Muskelkraft erfordert und eine individuelle Formgebung erlaubt. Mit ihrer gehämmerten Oberfläche und individuellen Ausführung werden die traditionell gefertigten Stücke zu unverwechselbaren Unikaten.

Rechts: Viele Stunden an aufwändigen Schlosser- und Schmiedearbeiten stecken im hohen Weinregal, welches mit mehreren Etagen reichlich Platz für einen ansehnlichen Hausvorrat bietet.

Unten: Geschwungene und gerade Formen der beiden Stücke bilden einen interessanten Kontrast. Das schwarze Metall schafft eine optische Verbindung. Die geraden Streben der metallenen Bank sind von Hand vernietet worden. Der geschwungene Kaminholzhalter ist eine Schmiedearbeit.

Eingearbeitet werden auch traditionelle Formen und Ornamente: Eine aufwändige Prozedur mit einem vergleichsweise hohen Zeitaufwand. Jedes Stück wird je nach Ausführung von Hand geschmiedet, genietet, geschweißt, gebogen, gefeilt, gebürstet, geölt oder gestrichen. Dort, wo eine Schweißnaht nötig ist, wird sie nach Möglichkeit verschliffen, verfeilt und gebürstet, damit sie später als störendes technisches Detail nicht mehr zu erkennen ist. "Andere scheuen sich oftmals vor diesem Aufwand, weil es der Laie ohnehin nicht sehen würde", klärt Henryk Balzke auf.

Nicht minder sorgfältig wird auf die Qualität der Beschichtung geachtet. Farbe wird, wenn sie aufgrund des Designs angesagt oder vom Auftraggeber erwünscht ist, generell mehrschichtig aufgetragen. Alternativ kommen traditionelle Einbrenn-, Öl- und Schwarzfärbtechniken zum Einsatz, die mit ihrem dunkel glänzenden Farbton die Schönheit des gehämmerten Metalls perfekt in Szene setzen.

Ein hoher Anspruch, dem zu genügen einen erheblichen Mehraufwand erfordert. Eine Mühe, die sich auch ideell auszahlen soll: "Unsere Stücke sollen im Haushalt so beliebt sein, dass sie später an Kinder und Enkel weitervererbt werden", wünschen sich die ambitionierten Kunsthandwerker.

Oben: Der Leuchter ist eine Kreation des Kunstschmiedes Henryk Balzke. Auf den unteren Armen können Kerzen aufgesteckt werden, die oberen werden je nach Anlass und Jahreszeit passend dekoriert.

Rechts: Der Tisch mit Hummermotiv und blauen Ornamenten ist formschön und pflegeleicht. Schmiedeeiserne Elemente gehen hier mit handbemalten Kacheln eine kunstvolle Verbindung ein.

Mit Leidenschaft für den Sandstein und die Natur

Oben: Die Sandsteinwerkstatt des Bildhauers Bernhard Männel liegt direkt an der Straße. So können ihm neugierige Passanten bei der Arbeit über die Schulter schauen.

Rechts: Ein Torso am Gartenteich, den der Bildhauer aus Sandstein gehauen hat.

Überall ist zu spüren, dass er auch Gärtner ist. Hinter dem Haus und im Terrassengarten eines Freundes hat der Loschwitzer in vielen Arbeitsstunden ein Naturparadies mitten in der Stadt geschaffen.

Unten: Das Ginkgoblatt, das mit Lebenskraft und Freundschaft gleichgesetzt wird, ist neben den Eulen zum Markenzeichen der Sandsteinwerkstatt geworden.

Rechts: Der Bildhauer bei der Arbeit vor dem eigenen Haus in Loschwitz.

Mitte: Eine steinerne Eule bewacht die Treppe zum Terrassengarten.

Unten: Vor dem Haus steht ein Igel aus Sandstein.

Seine Werkstatt liegt direkt am Bürgersteig der Grundstraße im Dresdener Ortsteil Loschwitz. Passanten können dem Bildhauer bei seiner Arbeit zuschauen. Das stört ihn nicht, denn in engen Räumen wäre Bernhard Männel wahrscheinlich nur halb so kreativ wie draußen. Er liebt das Arbeiten unter freiem Himmel und die Natur.

Der gelernte Gärtner ist vor Jahren eher durch Zufall auf seine Passion für den weichen und gut zu behauenden Stein gestoßen. In einem Projekt mit Umschülern arbeitete er auf dem Gelände eines Pflegeheims und grub dabei immer wieder Cottaer Sandsteine aus, die früher vor Ort verbaut worden waren und die keiner mehr benötigte. Das Material verführte dazu, etwas daraus herzustellen. Gleich beim ersten Versuch mit Hammer und Meißel entstanden aus dem graugelben Stein eine Eule und später noch weitere Tiere. "Die Figuren haben wir im Park des Pflegeheimes aufgestellt. Die Senioren hatten Spaß daran, besonders jene, die nicht mehr so gut sahen und Form und Struktur mit den Händen fühlen konnten", erinnert sich Bernhard Männel.

Seitdem hat ihn die Bildhauerei fest in seinen Bann gezogen. Da er neben diversen anderen Figuren immer wieder Eulen fertigt, ist der Kunsthandwerker in seiner Heimatregion mittlerweile als "der mit den Eulen" bekannt.

Seiner Leidenschaft für die Natur frönt der Bildhauer trotzdem noch in jeder freien Minute. Auf der anderen Straßenseite hat ein Freund ein altes Haus gekauft. Eine Südhanglage, die den ganzen Tag von der Sonne beschienen wird und wie geschaffen für den Anbau von Wein, Obst und Gemüse ist. So schlug der Loschwitzer vor, einen Terrassengarten anzulegen.

Mit einer selbstgebauten Seilbahn zogen die Männer monatelang tausende von Steinen auf den hohen Hang, mauerten Terrassen, befüllten diese mit Erde und legten darauf lange Beete an. Ein kleines Paradies mit einem zauberhaften Blick auf die umliegende Elblandschaft entstand mitten in der Stadt.

Auf seinem Hang hat der Pflanzenkenner die seltene "Osterluzei" gefunden. Eine Pflanze, die wie der Wein vor langer Zeit aus südlichen Ländern eingeführt worden sein muss. Ein Beweis für die jahrhundertealte Winzertradition der Gegend. Den Eingang zum Terrassengarten hat der Bildhauer dann auch mit einem Sandsteinportal befestigt, dessen Bogen von einer Weinrebe bekrönt wird.

Linke Seite: Vom Terrassengarten hat man einen atemberaubenden Blick auf die umliegende Elblandschaft und das Haus des Bildhauers, das sich mitten im Grünen an den felsigen Hang schmiegt.

Oben: Der bogenförmige Eingang zum Terrassengarten wird von einer Weinrebe bekrönt, die der Bildhauer in den Sandstein gemeißelt hat.

Rechts darunter: Ein Sandsteinleuchter mit maritimem Motiv.

Darunter eine weitere Eule aus der Sandsteinwerkstatt, welche am Eingang zum Garten hinter dem Wohnhaus steht.

Ganz unten rechts: Die sonnige Hanglage ist nicht nur ein günstiger Platz für wärmeliebende Pflanzen, sondern auch ein Paradies für seltene Tiere, die unter Naturschutz stehen. Hier sonnt sich eine Eidechse auf einem warmen Stein am Südhang.

Experimentieren und neue Akzente setzen

Oben: Ein Esstisch, den der Möbeltischler und Designer Falk Franke nach den Vorstellungen eines Auftraggebers gefertigt hat. Der Tisch ist ausziehbar und wurde aus Palisander- Macacaubaholz getischlert. Die runden Glasplatten sind schwarz lackiert und drehbar.

Rechts: Franke mit einem Rio-Palisander-Holz, das er besonders mag und mit dem er gern kräftige Akzente in seine neuen Kreationen setzt.

"Ich könnte nie eine Arbeit machen, hinter der ich nicht einhundertprozentig stehe", schildert Falk Franke seine Leidenschaft zum Beruf. Neue Stücke zu entwerfen, mit ungewöhnlichen Materialien zu experimentieren, sie auf immer neue Art zu verbinden, das ist die Intention des Holzhandwerkers und Designers.

Ganz besonders liebt er Möbel in modernem Design mit kräftigen Kontrasten, die durch eine Kombination verschiedener Hölzer oder durch die Beimengung diverser Farbpartikel entstehen. Mit kräftig gefärbten und auffällig gemaserten Hölzern oder Materialien setzt er jeweils typische Akzente in seine getischlerten Kreationen, die auf diese Art mit ihrer Form, Farbe und Ausführung unverwechselbar werden. Das gibt dann den besonderen "Kick" im Zimmer, der je nach Geschmack auch in der übrigen Wohnungseinrichtung weitergeführt werden kann.

Für seine Ambitionen lässt sich der Tischler zum Gestalter im Handwerk ausbilden. Eine interessante Erfahrung, bei der er nicht nur am Reißbrett, sondern auch mit Pinsel und Farbe arbeitet und Aquarelle herstellt.
Dass Möbel nicht einfach nur funktionelle Gebrauchsgegenstände sind, weiß Franke nicht zuletzt, seit er sich mit dem Zusammenhang von Handwerk und der fernöstlichen Lehre des Feng Shui beschäftigt hat. Dort geht es nicht nur um ganz bestimmte Maße, die für die besondere Eignung von Stuhl, Tisch und Bett stehen, sondern um den Zusammenhang zwischen der Funktion eines Stückes und den verwendeten Hölzern. Jedes Holz steht dann für eine besondere Eigenschaft im Menschen. So wird die Eiche beispielsweise als "Gerichtsbaum" angesehen, die das männliche Prinzip von Kraft, Ausdauer und Widerstandsfähigkeit verkörpert. Ein Stück aus Linde, die als Familienbaum gilt, würde die Geselligkeit fördern. Ein Bett aus Kirschholz wäre dagegen genau das Richtige für erotische Stunden.

Oben: Ein Regal in modernem Stil, das wahlweise auch als Raumteiler zum Einsatz kommen kann. Hier wurde Mooreiche mit Glas und Edelstahl kombiniert und eine Beleuchtung integriert.

Unten: In seinen Couchtisch "Rio" hat Franke einen kräftig gefärbten Rio-Palisander-Streifen in das weitaus hellere und dezent gemaserte Holz aus kanadischem Ahorn gesetzt. Die Füße wurden aus Edelstahl gefertigt, die Ablageplatte darunter besteht aus Glas.

Beim Bau eines Schreibtisches nach den Regeln des Feng Shui würde es um Maße und Anordnung der Dinge gehen, die später auf der Arbeitsplatte ihren Platz finden sollen. Ganz so eng möchte der Tischler die fernöstliche Lehre aber nicht betrachtet wissen. Zu viele Widersprüche gibt es für ihn in der inländischen Literatur, zu kompliziert sind oftmals die Inhalte, um sie auch umsetzen zu können. Einmal erworbenes Wissen könne man aber durchaus zum Vorteil des Auftraggebers einsetzen, ist er sicher.

Oben: Seinen Namen "Tabac" hat der Couchtisch aufgrund der eingesetzten Holzarten bekommen. Getischlert hat ihn Franke aus Eibenholz, das auf Hochglanz lackiert worden ist. Zum Einsatz gekommen sind auch Sandstein und Farbpartikel.

Unten: Für zwei Brüder und Udo-Lindenberg-Fans, die eigens ein Zimmer für ihr Idol eingerichtet haben, hat Franke seinen Schreibtisch "Hut" hergestellt. Der prominente Musiker hat in Berlin sogar an dem Schreibtisch gesessen. Das originelle Stück entstand durch den Einsatz verschiedener Farben auf Holz und hat einen Unterbau aus Edelstahl.

Ganz ohne fernöstlichen Hintergrund, aber für einen ultimativen Kultstatus hat Franke seinen Schreibtisch "Hut" gefertigt (links unten). Auf Wunsch zweier Brüder, die für den prominenten Musiker eigens ein Zimmer eingerichtet haben, ist der ungewöhnlich geformte Arbeitstisch entstanden. Ein "Hutband" trennt den breiten vom schmalen Bereich optisch ab. Als besonderer Akzent wurde ein kleiner Stern aus Edelstahl aufgesetzt. Auch die originelle Tischform steht auf soliden Füßen aus Edelstahl.

Jedes neue Möbelstück aus der Tischlerei Franke hat seine eigene Geschichte, die jeweils im Namen wiederkehrt. Seinen Namen "Tabac" hat der ausgefallene Couchtisch (links oben) wegen der verwendeten Holzart "Taxus Baccata" (lateinischer Name für Eibenholz) bekommen.

Rechts: Nach den Vorstellungen eines Auftraggebers wurde dieser schlanke Dielenschrank mit Spiegelaufsatz getischlert. Das Möbelstück besteht aus massiver Fichte, die gebürstet, gebeizt und lackiert worden ist. Um ihn problemlos pflegen zu können, hat der Schrank eine Auflage aus farblich passenden Kacheln bekommen.

Unten: Die säulenförmige Skulptur wurde aus Sandstein und lackiertem Holz gefertigt.

Großes Bergelager für Schätze der Baukunst

Oben und rechts: Stuckelemente und Fresken vergangener Jahrhunderte sind im Bergelager für historische Baustoffe in Trebsen zu finden. Die dekorativen Stücke sind nicht nur als Bauteile für alte Häuser begehrt, sondern auch eine Herausforderung für angehende Meister und Gesellen, die sich vor Ort in ihrer Ausbildung befinden. Die reich verzierten Originale dienen ihnen jeweils als Vorlage für Formen, die mit modernen Werkstoffen gegossen und nachgebaut werden.

Im Betriebsgelände des Bergelagers für historische Baustoffe zu stöbern, kommt einer architektonischen Zeitreise gleich. Die großen Räume der ehemaligen Papierfabrik Trebsen werden dafür zu Lager- und Ausstellungszwecken genutzt. Die Möglichkeiten, nach altem Vorbild zu bauen und zu sanieren, scheinen hier nahezu unbegrenzt. Ein Riesenfundus an Steinen, Holz, Türen, Fenstern, Geländern, Kacheln, Ziegeln, Schlössern und Beschlägen wurde in den vergangenen Jahren aus alten Häusern der Umgebung ausgebaut und wartet in riesigen Regalreihen auf ein neues Zuhause. Die Interessenten sind Architekten, Restauratoren, Handwerker, Sammler und nicht zuletzt Eigentümer alter Häuser, die ihren vier Wänden ein Stück weit den Charme vergangener Zeiten zurückgeben möchten.

Oben rechts: Die prachtvolle Krone eines alten Kachelofens wurde aus einem Abrisshaus gerettet. Aufwändige Verzierungen lassen auf einen wohlhabenden Bauherrn schließen. Je ärmer die Menschen, desto einfacher waren die Kacheln der Feuerstellen.

Rechts: Eine reich verzierte Säulenverkleidung aus Stuck wurde aus einer Bauteile-Sammlung eines Dresdner Ballsaales geborgen.

Unten: Für Sammler alter und besonders schöner Heizquellen bietet das Bergelager eine beträchtliche Auswahl originaler Ofenkacheln mit unterschiedlichem Dekor, die auch als Einzelstücke gut zur Geltung kommen.

Die Sammlung historischer Bauteile war zunächst zweckgebunden entstanden. Nach seiner Gründung war der Förderverein für Handwerk und Denkmalpflege des Schlosses Trebsen auf der Suche nach geeigneten Baustoffen zur Sanierung der alten Bausubstanz. Dabei entdeckten die Fachleute, welche baulichen Kleinode sich meist unscheinbar, verstaubt und unter vielen Farbschichten in alten, verfallenen Häusern verbergen. Wunderschöne handwerkliche Arbeiten, die ohne den teils aufwändigen Ausbau unweigerlich unter Schuttbergen vergraben werden würden. Aus einer kleineren Sammlung epochaler Schätze entwickelte sich so mit den Jahren ein ansehnlicher Bestand.

Links: Zur Sammlung gehören schmiedeeiserne Gitter. Die alten Stücke eignen sich nicht nur zur Absicherung und Verzierung von Fenstern und Türen. Geeignet sind sie beispielsweise auch als dekoratives Element im Garten.

Unten links: Wer nach altem Vorbild bauen möchte, findet Bleiglas-, Holz- und Eisenfenster, hier ein prächtiges Exemplar aus dem Leipziger Reichsgericht. Schon ein einzelnes Stück kann einen Bereich des Hauses in Szene setzen.

Rechts: Anregung und Ergänzung für neue Geländer und Balustraden nach altem Vorbild bietet die Sammlung alter Pfosten, die in Trebsen zusammengetragen worden ist.

Mitte rechts: Mit alten gusseisernen Türen aus verschiedenen Epochen kann ein ramponierter alter Ofen wieder in neuem Glanz erstrahlen.

Unten rechts: Alte und neue Türen lassen sich mit historischen Schlössern, Bändern und Beschlägen stilisieren.

Eine Sammlung antiker Kacheln mit wunderschönen Dekors. Seit weit über einhundert Jahren werden die dekorativen Platten bereits industriell hergestellt und seitdem vor allem für den Bau von Kaminen und Fußböden verwendet. Besonders alte Stücke, wie die hier gefundenen, sind an der Materialbeschaffenheit und einer natürlichen Farbgebung zu erkennen. In wohlhabenden Haushalten waren sie zudem aufwändig verziert.

Für heutige Zwecke können auch einzelne Stücke oder kleinere Bereiche mit schönen alten Kacheln ganz besonders akzentuiert und aufgewertet werden. Die Architektur eines alten Hauses gewinnt enorm durch eine solch traditionell nachempfundene Wand- und Fußbodengestaltung.

Ein besonderer Vorteil liegt jeweils in den natürlichen und farblich harmonischen Materialien, die sich meist wie selbstverständlich in ihre Umgebung einfügen und so wirken, als seien sie schon immer dagewesen.

Rechts: In der Manufaktur des Hauses werden Hanf-Leichtlehmziegel hergestellt. Der natürliche Baustoff, der hier nach alter Art geformt wird und langsam an der Luft trocknen kann, bietet ein gesundes Raumklima und lässt sich gut verarbeiten. Während des Tages heizen sich die Ziegel in der Sonne auf. Nachts geben sie die gespeicherte Wärme wieder ab. Dadurch ist ein Lehmhaus stets angenehm temperiert.

Mit der Wandstärke lässt sich ein zusätzlicher Effekt erzielen. Je mehr Lehm verbaut wird, umso höher ist später die Speicherkapazität.

Eigentümer alter Fachwerkhäuser nutzen die Leichtlehmziegel gern zum Ausfachen schadhafter Stellen. Verputzt und getüncht wird wiederum mit Naturmaterialien.

Rechts: Alte abgebeizte Türblätter können auch eine andere als die obligatorische Funktion übernehmen. Die hier abgebildete rustikale Form mit abgeblätterter Farbe zeigt das ehrwürdige Alter des Stückes und darf auch ruhig einmal so bleiben wie sie ist. Aus aufwändiger gearbeiteten Türblättern können aber auch Tische oder dekorative Wandverkleidungen entstehen.

Idee für einen Tisch: Ein Holz- oder Eisengestell unterbauen und eine große Glasplatte darauf legen, die pflegeleicht ist und das Holz schützt.

Mitte rechts: Den "Kopf" einer historischen Immobilie kann man mit alten Biberschwänzen ausbessern. Besonders schöne Einzelstücke müssen aber nicht immer im Dachbereich eingesetzt werden, sondern lassen sich auch im Innenraum als dekorative Elemente verwenden.

Unten: Klinker und Sandsteinelemente, von denen einige mit handgearbeiteten Ornamenten verziert sind, können als Einzelstücke sowohl im Haus als auch im Garten platziert werden.

Neben dem Angebot von historischen Baustoffen und Bauteilen wird das umfangreiche sächsische Bauteilearchiv heute auch als museale Sammlung genutzt. Nach Anmeldung führen die Mitarbeiter durch die Ausstellungsräume und Depots und klären über den Ursprung der Stücke bzw. verschiedene Epochen und aktuelle Einsatzmöglichkeiten auf.

Auktionen für Altes und Antikes

Oben: Zwei Engel aus Bronze halten eine handbemalte Vase.

Rechts: Kathleen Bossard in ihrem Chemnitzer Auktionshaus hinter einer Sammlung antiker, handgeschliffener Weingläser mit Karaffe und Kaffeegedecken mit Rosendekor aus der Biedermeierzeit.

Ihr Tipp: Auf Auktionen findet man interessante Sammlerstücke aus allen Epochen, über die man sich vor Ort und im Auktionskatalog genau informieren kann.

Sich auf eine althergebrachte und stilvolle Art einzurichten, verlangt neben einem guten Geschmack und Fingerspitzengefühl für den richtigen Mix auch Kenntnisse um Epochen und damit verbundene Stile. Kathleen, Peter und Heiko Bossard kennen sich in diesem Metier aus und haben ihre Liebe zu antiken Stücken zum Beruf gemacht.

Kathleen Bossard führt seit der Übernahme des Chemnitzer Auktionshauses selbst ihre Versteigerungen durch. Eine anstrengende und gleichermaßen aufregende Arbeit, die ihr viel Spaß macht. Jedes Stück wird in Kommission übernommen und muss katalogisiert werden, bevor es unter den Hammer kommt. Die gelernte Bankkauffrau ist dafür zur Kennerin antiker Stücke geworden. In den vergangenen Jahren hat sie sich auf Details alter Handwerkskünste spezialisiert. Es sei das eine, sich auszukennen, das andere, sich hin und wieder selbst in die schönen alten Dinge zu verlieben und sich auch zu Hause mit ihnen zu umgeben, verrät sie.

Der besondere Wert alter Schmuckstücke, Utensilien aus Tafelsilber und Porzellan, Möbel, Lampen, Textilien, Teppiche oder Gläser, liegt in deren aufwändiger Verarbeitung. Daneben sind solch antike Sachen fast immer zeitlos schön und vom allgegenwärtigen Werteverfall ausgenommen, versichert die Expertin. Verkauft man die Stücke wieder, sind sie meist noch im Wert gestiegen.

Rechts oben: Der Wert einer solch gut gefüllten Schmuckschatulle ist oft nicht auf den ersten Blick auszumachen. Bei ausgewählten Stücken kann er teilweise im fünfstelligen Bereich liegen.

Mitte rechts: Bei alten Möbeln, wie diesem Stuhl, ist es oftmals schwer, das wahre Alter eines Stückes zu erkennen, weil es im vergangenen Jahrhundert immer wieder effektvolle Nachbildungen gegeben hat.

Rechts unten: Vielfach ist es erst das richtige Ensemble, das die einzelnen Stücke entsprechend zur Geltung kommen lässt. Das musikalische Motto mit der Geige setzt sich in der Stuhllehne mit Lyra-Ornament fort. Der alte Teppich passt perfekt dazu.

Links: An Schnitzereien mit Naturmotiven erkennt man unter anderem das Alter eines Möbelstückes. Ein solches Akanthusblatt ist typisch für den Historismus.

Links: Stücke, wie der aufwändig verzierte alte Deckenleuchter, haben vor mehr als einhundert Jahren breite Treppenaufgänge von Stadtvillen beleuchtet. Eine solche Lampe kommt besonders gut in hohen Räumen mit Stuckdecke zur Geltung. Typisch für die Epoche sind die Hängevorrichtung mit länglichen Kettengliedern, getriebene Messingteile mit Blattverzierung sowie Form und Struktur des Milchglasschirmes.

Mitte links: Bilder, wie das Blumenstillleben, sind nur dann wirklich wertvoll, wenn sie von einem namhaften Maler der jeweiligen Epoche stammen. Wer nicht des Wertes wegen sammelt und einfach nur ein attraktives Stück für die eigenen vier Wände erstehen möchte, darf sich natürlich auch vom Motiv oder den frischen Farben inspirieren lassen. Oftmals sind aber auch die aufwändig verzierten Rahmen alter Bilder schon lohnenswerte Schnäppchen.

Unten links: Blick in den Antikladen der Familie Bossard in der Nähe des Schlosses Lichtenwalde. Der mit Beschlägen verzierte Hängeschrank ist ein originales Stück aus dem neunzehnten Jahrhundert. Alte Bücher und geschliffenes Kristall runden die Dekoration ab.

Rechte Seite: Alte Möbel wie die aufwändig verzierte Anrichte können wieder wie neu aussehen, wenn deren Oberfläche vom Restaurator behandelt wird. Daneben werden auch schadhafte Holzteile erneuert, Scharniere, Schlösser und Beschläge repariert oder ausgewechselt.

Wer an einem alten Möbel selbst Hand anlegen möchte, sollte sich vorher aber über die verschiedenen Arten der Holzbehandlung genau informieren. Gern übernimmt die Familie auch die fachmännische Restauration der antiken Möbelstücke, um deren Charakter und besonderen Charme zu erhalten.

Refugium für eine wundervolle Weihnachtswelt

Rechts: Der Eingang zur "Wundervollen Weihnachtswelt" in Strocken ist mit einem großen weißen Adventsstern und Lichterketten im Baum geschmückt.

Mitte des Jahres beginnen auf dem Hof die Vorbereitungen für die nächste vorweihnachtliche Ausstellung. Ende Oktober wird das große hölzerne Tor dann für Besucher geöffnet.

Oben: In die Ausgestaltung wird auch das Außengelände mit einbezogen.

Unten: Beleuchtete Weihnachtsbäume wie dieses stimmungsvolle Exemplar mit kleinen Sternen bieten den Besuchern der Ausstellung zugleich Anregungen zum Selberschmücken.

Eine fahle Wintersonne scheint durch die hohen Rundbogenfenster der dicken Bruchsteinmauern. In den alten Bäumen vorm Haus hängen Lichterketten, in der Baumkrone schwebt ein weißer Adventsstern. Kurz nach Weihnachten kehrt endlich wieder so etwas wie Beschaulichkeit ein im großen Bauerngut am Ortseingang der kleinen Gemeinde Strocken.

„Als junges Mädchen konnte ich mir nicht vorstellen, immer auf dem Land zu wohnen. Und auch als ich hier einzog, hat es eine Weile gedauert, bis ich heimisch geworden bin. Ich musste mich an die Weitläufigkeit erst gewöhnen", erzählt Susann. Den großen Hof ihrer Familie mit Leben und kreativen Ideen zu füllen, ist eine besondere Herausforderung für die 37-Jährige. Sie liebt das beschauliche Landleben, weiß aber auch die Nähe zu den Großstädten Leipzig und Dresden zu schätzen.

Die gelernte Gastwirtin ist eine Fachfrau für Veranstaltungen, bei denen Augen und Sinne angesprochen werden. In der Region ist sie aber auch als Initiatorin der „Wundervollen Weihnachtswelt" bekannt. Schon immer hatte die kreative Frau eine Schwäche für Weihnachten, die besonderen Farben und den Glanz des Jahresausklanges. Sie mag es, wenn sich Leute treffen und Waren ihre Besitzer wechseln. Das schönste Fest des Jahres mit einer Fülle von Produkten und passenden Veranstaltungen zu zelebrieren, war ihre Idee, die im pragmatischen Alltag des Landwirtschaftsbetriebes eigentlich eher nebenher entstand. Ihr zufälliger Erfolg mit ein paar übrig gebliebenen Dekorationsartikeln hat sich in wenigen Jahren zum florierenden Saisonbetrieb ausgeweitet.

Rechts: Für die jährlich stattfindende Ausstellung ist ein Seitengebäude des Hofes umgebaut worden, dessen hohe Fenster wie geschaffen sind für eine Weihnachtsdekoration. Dünnwandige Gläser glänzen in der Wintersonne. Ein Regal darunter ist mit rustikalen Keramiken gefüllt. Ein Kranz rundet das stimmungsvolle Ensemble ab.

Unten: Eine der Weihnachtsstuben hat das Team in kühlem Blau und Silber ausgestaltet. Durch die geschickte Beleuchtung und Anordnung alter Möbel mit antikem Interieur entsteht die Illusion, beim Bummel durch den Raum von einem Zimmer in das nächste zu gehen.

Susann hatte ein paar Kisten mit Dekorationsmaterial übrig, mit dem sie eigentlich die Scheune umgestalten wollte. Als sie dazu keine Zeit fand, baute sie die Stücke im Landhandel ihres Mannes mit auf. "Dabei habe ich gemerkt, wie viel Spaß das macht und wie gut die Sachen bei den Leuten ankommen'", erinnert sie sich.

Aus dem kleinen Verkaufsregal entwickelte sich in den folgenden Jahren ein Saisongeschäft in einem großen Weihnachtszelt. Als schließlich auch dieses die vielen Artikel kaum noch fassen konnte, beschloss die Familie, die "Wundervolle Weihnachtswelt" im eigenen Hof unterzubringen. Dafür wurde ein Seitengebäude des Bauerngutes um- und ausgebaut.

Seitdem startet beginnend mit dem Novembermonat jedes Jahr aufs Neue das wohl aufwändigste Vorweihnachtsspektakel der ländlichen Region mit tausenden Dekorationsartikeln, die zum schönsten Fest des Jahres dazugehören. Der Stall wird mit duftendem Tannengrün dekoriert. Eine Fülle von Kerzen, Leuchtern, Kugeln, Kränzen, großen und kleinen Weihnachtsartikeln umfängt den Gast, der das weiträumige Stallgebäude betritt. Alte Möbel und ländliches Interieur bilden dafür den Hintergrund und teilen die einzelnen Bereiche thematisch auf.

Neue Trends wechseln sich mit traditionellen Themen ab. Jedes Weihnachten hat ein besonderes Motto, das sich in Form und Farbe der unzähligen Dekorationen widerspiegelt. Floristinnen aus der Umgebung helfen beim Auswählen und Gestalten.

Gleich nebenan können Gäste heißen Kaffee schlürfen und leckeres Weihnachtsgebäck kosten. Wenn es dunkelt, laden in der Scheune Glühweinstand, Würstchen und eine Modelleisenbahn zum Verweilen ein. An den Wochenenden gibt es Weihnachtsprogramme mit Musik, Lesungen und Puppenspiel.

Linke Seite: Geschmückte Weihnachtsbäume liefern den Besuchern jeweils Anregungen für gelungene Dekorationen. Hier ein Exemplar mit weißen Kugeln und zarten Motiven aus Holz.

Rechts: Ein prächtiges weihnachtliches Ensemble in kräftigen Gold- und Orangetönen. Viele der dekorativen Stücke können auch einzeln das ganze Jahr über genutzt werden.

Mitte: Eine kleine ländliche Backstube weckt die Vorfreude auf leckere Rezeptideen.

Unten rechts: Regale und alte Schränke in der "Wundervollen Weihnachtswelt" sind zur Saison bis auf den letzten Platz mit Dekorationsartikeln gefüllt.

Wenn Weihnachten vorbei ist, übernimmt die Geschäftsfrau die Organisation ihrer „Veranstaltungen für Augen und Sinne“. Feste, die auf Wunsch der Auftraggeber meist eine ganz besondere Note bekommen. Bei einer Hochzeit kommt es schon einmal vor, dass sie an einem Abend verantwortlich für einige hundert Gäste ist.

Für besonders umfangreiche Feste schreibt sie richtige „Drehbücher“, damit auch alles wie am Schnürchen klappt: “Da versuchen wir so gut wie alles möglich zu machen, vom perfekt passenden Rosenbuket bis zur exklusiven Zigarre für einen besonderen Gast um Mitternacht”, beschreibt sie den Aufwand.

Linke Seite: Ein prächtiger Tischschmuck gibt Anregungen für eine weihnachtliche Tafel. Hundertfach bricht sich das Licht in zarten Glaskelchen, geschliffenen Kristallen, schimmernden Perlenschnüren und glitzernden Silberkugeln und zaubert damit eine unvergleichlich festliche Atmosphäre.

Rechts oben: Blick auf eine Weihnachtsdekoration hinter dem Haus in kühlen Blautönen, die einen Kontrast zu den kleinen Buchsbäumchen und schlichten Naturmaterialien setzt.

Links unten: Eine Sammlung verschieden geformter Gläser, die aufgrund des gleichen Materials perfekt zusammenpassen.

Rechts unten: Inspirationen für eine kühle stimmungsvolle Dekoration liefern auch die winterlichen Kiefernzweige hinter dem Haus.

Vom Zauber der Quilts und des Patchworks

Oben: Ein Quilt und Taschen aus der "Kreativbude Wahlsdorf" mit starken Kontrastfarben als dekoratives Ensemble auf Stroh.

Rechts: Fast scheint der große Quilt im Baum mit der Umgebung zu verschmelzen. Mit seinen verschiedenen Grün-, Gelb- und Türkistönen spiegelt er perfekt die umliegende Natur wider. Ingeborg Walter und Tochter Michaela Grüneberg haben dafür Baumwollstoffe, Seide und Filz verarbeitet. Aufwändige Stickereien setzen zusätzliche Akzente auf die kunstvolle Patchworkarbeit.

Rechts: An der Nähmaschine stellt eine Kundin eine Patchworkarbeit her. In Kursen wird hier die Kunst des Quiltens auch an weniger versierte Anfänger weitergegeben. Eine Schatzkammer für alle handwerklich ambitionierten Zeitgenossen ist das Werkstattinnere. Unzählige Regale sind bis an die Decke gefüllt mit Stoffen und diversen Accessoires.

Rechts unten: "Kristalle" heißt der zauberhafte Quilt, welcher unter den kunstfertigen Händen von Mutter und Tochter in einer Gemeinschaftsarbeit entstanden ist. Die Patchworkarbeiten hat Michaela Grüneberg entworfen und hergestellt. Mit kunstvollen Stickereien hat Ingeborg Walter die Arbeit ihrer Tochter akzentuiert.

Quilts in leuchtenden Farben hängen an den Wänden im brandenburgischen Wahlsdorf. Es scheint kaum noch Platz zu sein für Neues. Nebenan stapeln sich Stoffballen bis unter die Decke. Auf Holztischen stehen Garne und Accessoires, daneben finden sich diverse Nähmaschinen. An den Decken hängen Kunstwerke aus Holz und Stroh, dekoriert mit Stoff und Filz. Fast scheinen die Sinne überfordert angesichts einer solch überbordenden Vielfalt an Materialien, Formen und Farben. Was vor knapp zwanzig Jahren in einer simplen Bretterbude begann, ist heute in der Region zum Mekka für ambitionierte Kunsthandwerkerinnen geworden. Hergestellt werden hier nicht nur traditionelle Quilts, sondern auch solche mit experimentellen Materialien und Techniken. Für neue Trends sind die Inhaberinnen der "Kreativbude" Ingeborg Walter und Tochter Michaela Grüneberg ständig auf Achse. Kurse und Weiterbildungen werden besucht und prominente Vertreterinnen eingeladen, die sich mit der hohen Kunst des Stoffe-Applizierens international einen Namen gemacht haben.

Links: Im ehemaligen Rinderstall stellen die Kunsthandwerkerinnen jeweils neue Arbeiten aus.

Rechts: Ein Quilt, dessen unterschiedliche Materialien ganz edel in Weiß-, Creme- und Sandtönen in Szene gesetzt worden sind. Neben zarten durchscheinenden Seidenstoffen sind gröberes Leinen und Filz vernäht worden.

Mitte rechts: Ein "Magik-Pilow" (ein Zauberkissen in Patchwork-Technik). Entfaltet man das Kissen, entsteht daraus eine warme, weiche Tagesdecke mit denselben leuchtenden Farben (rechte Seite).

Unten rechts: Ein leuchtender "Hundertwasser-Quilt", der sicher mühelos zur Attraktion in jedem Raum avanciert.

Zum Brauchtum:
Die Technik des „Patchworks" als Oberbegriff für "appliqué quilts" stammt aus Amerika, wo sie zum ersten Mal im Zusammenhang mit der Auspolsterung von Kinderwiegen Erwähnung fand. In Frauenzeitschriften wurde das Verfahren des Verarbeitens von Textilresten später als Trend aufgegriffen.

Frauen, die damals wenig Anlass für gesellschaftliche Zusammenkünfte hatten, griffen die Idee dankbar auf, sich außerhalb des eigenen Hauses treffen und zusammen "nützliche Dinge" herstellen zu können. Aus dem ressourcenorientierten Denken, auch aus dem kleinsten Flicken noch etwas machen zu wollen, entwickelte sich in der Folgezeit ein Handwerk mit Kultstatus. Quilts mit besonderen Materialien, Techniken und Themen wurden hergestellt, deren Fertigungsort heute anhand der besonderen Optik und Verarbeitung noch nachvollziehbar ist.

Der Zauber des Quiltens hat die Jahrhunderte überdauert. Auch heute gibt es eine Patchwork-Gilde, in der sich Mitglieder über Neuheiten austauschen.

Tipp der Wahlsdorfer Expertinnen: Wer selbst quilten möchte, sollte einen Entwurf anfertigen, nach dem dann rationell zugeschnitten werden kann. Grundsätzlich können alle Stoffe in jeder Qualität verarbeitet werden. Wer Individuelles mag, kann Textilien auch einfärben. Und auch bei der Form gibt es kaum Grenzen. Ungewaschene Stoffe sollten vorgewaschen werden, damit sie später ihre Form nicht verändern. Für Anfängerinnen gibt es Vlies mit vorgezeichneten Linien.

Links: Ein liebevoll dekoriertes Fenster der "Kreativbude". Außer dem Quilten können hier auch die Kunsthandwerkstechniken des Spinnens, Webens, Filzens und Klöppelns erlernt werden. Vermittelt werden auch die Grundlagen der Floristik und des Papierschöpfens.

Für Gäste gibt es eine Pension. Einmal im Jahr wird ein Spinn- und Filzfest veranstaltet, bei dem zusammen mit anderen Kunsthandwerkern der Region Exponate ausgestellt werden.

Rechts: Zum Haus gehört eine Holzwerkstatt, in welcher der Hausherr solch farbenprächtige Vogelhäuser und andere Kunstwerke aus Holz herstellt. Wer möchte, kann auch selbst Hand anlegen. In Workshops wird die Kunst der kreativen Holzbearbeitung gelehrt.

Unten links: Das Holzhaus beherbergt die gemütliche Spinnstube. Hier treffen sich in regelmäßigen Abständen Kursteilnehmer zum kreativen Tun. Früher gehörte das große Areal zu einer Gärtnerei. Den ersten Kreativraum haben die Betreiber in der Tischlerei des Vaters eingerichtet. Daher auch der Name "Kreativbude", erklärt Ingeborg Walter.

Unten: Ein befilzter Stein. Damit kann bei Wind eine Tischdecke im Garten fixiert werden.

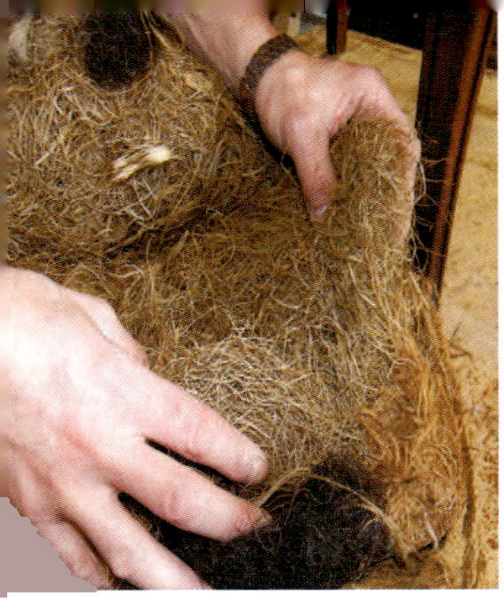

Neue Polster für schöne alte Stücke

Oben: Das Innenleben eines alten Polsterstuhles besteht meist aus Naturmaterialien wie Rosshaar, Hanf oder Kokosfasern. Nach Wunsch kann ein Stuhl mit solch traditionellen Materialien wieder neu gepolstert werden. Möglich ist aber auch die preisgünstigere und weichere Form mit Vlies und Schaumstoff.

Rechts: Der Raumausstatter Rufus Haubner kann einen alten Stuhl wie dieses Exemplar im Jugendstil wieder so herrichten, dass er zum Glanzstück in der Wohnung wird. Dazu braucht er Schaumstoff und Stoff, Vlies, Kleber, Nähmaschine, Tacker, eine Bandsäge und geschickte Hände.

Stühle, Sessel und Sofas bei einem Polsterer oder Raumausstatter wieder neu beziehen zu lassen, liegt voll im Trend. Meist sind es ererbte Liebhaberstücke oder maßgefertigte Möbel, welche die Eigentümer sich so herrichten lassen wollen, wie sie früher einmal aussahen. Zudem bieten heute Antik- und Flohmärkte stilvolle Möbel an. Die alten Stücke sind oftmals besser verarbeitet und formschöner, als industriell gefertigte. Wenn Möbel ein gewisses Alter erreicht haben, steigen sie auch im Wert. Aufwand und Nutzen sollte man jedoch genau abwägen. Bis nebenstehender Stuhl wieder so aussieht, wie in alten Tagen, sind mehrere, teils aufwändige Arbeitsgänge nötig. Der Raumausstatter Rufus Haubner hat die traditionelle Handwerkstechnik von der Pieke auf gelernt, seine Lehre im Betrieb des Vaters absolviert und sich anschließend zum Meister ausbilden lassen. Er führt im Folgenden vor, wie ein alter Stuhl professionell gepolstert und neu bezogen wird.

Rechts: Von diesem Stuhl aus der Jugendstilepoche existieren zwei Exemplare. Das alte Holz mit Fräs- und Schnitzarbeiten ist gut erhalten. Somit lohnt der Aufwand des Polsterns.

Unten: Auch moderne Stücke wie die kleine Fußbank kommen immer öfter als "Patienten" in die Nossener Werkstatt. Rufus Haubner hat die Bank neu gepolstert, mit Stoff bezogen und mit Ziernägeln versehen.

Bevor der Raumausstatter ans Werk geht, wird das Polster des alten Stuhles entfernt, Nägel oder Heftklammern herausgezogen. Übrig bleiben die gekreuzten leinenen Gurte auf dem Stuhlboden, die er zunächst mit einer groben Leinwand bezieht. Danach wird die Grundfläche, hier ein Rechteck, mit einer schmalen Rück- und einer breiteren Vorderseite, genau vermessen und der Grundriss schließlich auf eine Schaumstoffmatte übertragen.

Stuhlboden und zugeschnittenes Schaumstoffkissen werden mit einem Sprühkleber verbunden, damit das Ganze nicht verrutscht. Danach bringt der Polsterer noch ein Vlies auf, damit sich der neue Bezugsstoff auf dem Untergrund besser ziehen lässt. Vorteil des Schaumstoffes gegenüber dem alten Polstermaterial: Er ist preislich günstiger und der Sitz ist weicher.

Die Konturen sägt Rufus Haubner mit seiner wunderschönen nostalgischen Bandsäge aus, die schon seit einhundert Jahren in der Werkstatt im Hinterhaus steht und früher einem Tischler gehört hat. Eine Hommage an alte handwerkliche Traditionen, die in diesem Haus gepflegt werden. Alternativ wäre es aber auch möglich, den Schaumstoff mit einem Messer oder einer Schere zu schneiden, allerdings werden dann die Kanten nicht ganz so sauber.

Jetzt wird der neue Bezugsstoff ausgesucht. Der Geschmack darf ruhig etwas variieren. Erlaubt ist alles, was gefällt. Hauptsache, das Gewebe ist fest genug. Bevor der Stoff mit dem Tacker angeheftet wird, müssen noch die Ecken genäht werden. Rufus Haubner hat für seine professionellen Zwecke eine Industrienähmaschine angeschafft, die auch dickere Materialien wie Leder nähen kann.

Beim anschließenden Beziehen ist Fingerspitzengefühl gefragt. Bis der Stoff perfekt sitzt, müssen hin und wieder Klammern entfernt werden, um das Gewebe etwas nachzuspannen. Alternative zu den Heftklammern: Rustikale oder glänzende Ziernägel. Beim Anheften mit Nägeln muss jeder Schlag genau sitzen, denn einmal geschlagene Löcher zerstören das Gewebe und bleiben sichtbar. Überschüssige Stoffkanten werden mit einem Messer abgeschnitten.

Um die Heftklammern zu verdecken, wird zuletzt eine Zierborte um die Stoffkante geklebt. Die sollte zum Farbton und zu der Gewebestruktur des Stoffes passen. Zum Fundus des Polsterers gehört ein Katalog für Posamenten mit Farbnummern, mit dem er das passende Material auswählen kann. Wurden Ziernägel in den Stoff geschlagen, erübrigt sich das Ankleben der Borte.

Möbel und Türen in neuem Glanze

Oben: Die Möbeltischlerin und Restauratorin Renate König in ihrer Werkstatt mit einem alten Philipp-Louis-Schränkchen.

Rechts: Bevor der alte Armlehnstuhl ein neues Polster bekommt, wird er auf “Haut und Knochen” untersucht. Fehlende Teile wie die runden Abschlüsse der Armlehnen werden eingesetzt, lose Teile angeklebt. Gepolstert wird nach altem Vorbild mit Rosshaar und Seegras.

Schöne alte Möbel sind unverzichtbar, wenn man ein altes Haus stilvoll einrichten möchte. Dabei muss es nicht immer gleich eine Sammlung antiker Stücke sein. Ein oder zwei hübsche Exemplare mit besonderer Note reichen manchmal schon aus, um einem Raum Charakter zu verleihen.

Fündig wird man auf dem Sperrmüll oder auf einem der unzähligen Flohmärkte, die es in der Region gibt. Bevor ein solch romantisches Philipp-Louis-Schränkchen jedoch zum Glanzstück der Einrichtung avanciert, sollte es fachgerecht auf Vordermann gebracht werden.

Eine Fachfrau für solch anspruchsvolle Sanierungsarbeiten ist Renate König. Die 42-Jährige ist eine der wenigen TischlerInnen im Land Sachsen und restauriert alte Möbelstücke und Türen in ihrer eigenen Werkstatt in Masten bei Döbeln.

Rechts oben: Bevor ein solch hübsches aber ramponiertes Schränkchen wieder in altem Glanz erstrahlen kann, braucht es eine Reihe von Arbeitsgängen.

Besonders aufwändig wird es, wenn es dicke Farbschichten hat, wie dieses Exemplar. Dann muss die Handwerkerin mit Muskelkraft und Schleifpapier zu Werke gehen. Ein zeitraubender Vorgang, bei dem aber auch interessante Details aus der Herstellungszeit zutage kommen. Die Tür wird abgeschraubt, die Schublade entfernt, Rückwand und Boden werden unter die Lupe genommen.

Rechts unten: Fehlende Zierteile oder Füße müssen an der Drechselbank, unter der Fräse und auch schon mal mit dem Schnitzeisen per Hand hergestellt werden. Danach werden die fehlenden Teile angeleimt. Ist das Möbel komplett, geht es an die kosmetische Behandlung der Oberfläche.

Links unten: In schadhafte Stellen wird neues Furnier eingepasst.

Wer sich nicht so gut mit altem Handwerk auskennt, sollte sich Rat und Hilfe holen, bevor er Hand anlegt, rät König. Es gibt Todsünden, die auch einem soliden Stück aus Massivholz den Garaus machen können.

So sollte man einen Schrank mit Furnier nicht mit Lauge abätzen, weil sich dieses dann vom hölzernen Untergrund ablöst. Hölzer wie Eiche oder Kirsche werden schwarz, wenn sie mit flüssigem Beizmittel wie Ätznatron in Berührung kommen.

Wenn ein altes Möbel selten und damit recht wertvoll ist, gehört es ohnehin in fachkundige Hände. Nur wer sich gut auskennt, weiß auch, welche Arbeitsschritte nötig sind. Eine Epoche und den dazugehörigen Stil einzuordnen, ist für Laien oftmals gar nicht so einfach. Details wie verdeckte Farbreste von früheren Aufsätzen oder Verzierungen kommen meist unter mehreren Farbschichten zum Vorschein.

Abgeblättertes Furnier kann durch neues Altes ersetzt werden (Vorderseite). Es braucht ein geschultes Auge, um passende Stücke zu finden. Vom Schleifen ist abzuraten. Nur wirklich alte Möbel haben noch dickere Furniere, die eine solche Behandlung aushalten. Bei neueren Modellen sind die aufgezogenen Beläge nur noch hauchdünn, so dass bei unsachgemäßem Abtragen schnell der Untergrund durchschimmert.

Links: Blick in die Werkzeugkiste der Restauratorin. Die Stemmeisen dienen dazu, um alte Holzverbindungen oder Scharniere abzustemmen. Wenn trotz Ätzen und Schleifen Farbreste nicht entfernt werden, kann eine Ziehklinge gute Dienste leisten. Ätznatron, Lasuren oder Lacke dürften einen Holzwurm im Inneren unschädlich machen. Hilfreich sind aber auch Essig, Zitrone, heiße Luft oder heißer Dampf.

In die Werkstatt gelangen auch Türen und Tore, die in den Umbau alter Häuser einbezogen sind.

Diese Seite: Die getäfelte Wohnungstür und die mit Schnitzereien versehene Holztür wurden aus einer Stadtvilla ausgebaut und in der Werkstatt fachgerecht restauriert.

Tipp: Alte Türen sollte man auch dann nicht entsorgen, wenn sie vermeintlich keine Funktion mehr haben. Die hölzernen Türblätter lassen sich wunderbar umfunktionieren. Mit Füßen versehen, kann ein besonders schöner alter Tisch entstehen. Entfernt man die Täfelung und setzt Spiegel ein, bekommt man wiederum einen neuen Blickfang. Und auch als antike Wandverkleidung oder Flurgarderobe kommen Türblätter in allen Varianten gut zur Geltung.

Indisches Feuerwerk an Formen und Farben

Oben: Dorit Suárez hat ihr Faible für fremde Kulturen zum Beruf gemacht. Im Haus ihrer Großeltern in Meißen hat die Dolmetscherin ein Ladengeschäft mit indischem Interieur eingerichtet.

Ein Tor mit Schnitzereien führt ins Ladeninnere. Die Türblätter hat sich die Inhaberin in Indien fertigen lassen.

Rechts: Das obere Stockwerk des Hauses ist mit indischen Korb- und Holzmöbeln eingerichtet, die in den gemütlichen Nischen stehen.

Ferne Länder haben Dorit Suárez verzaubert, seit sie denken kann. Mag sein, dass sich das Fernweh und die Liebe zu fremden Kulturen vor vielen Jahren vom Großvater auf die Enkelin übertragen hatte: “Er bereiste viele Länder, das hat mich als Kind sehr beeindruckt”, schildert sie. Für ihren Traum, mit indischen Waren zu handeln, holte sich die Dolmetscherin für Englisch und Spanisch zwei Jahre lang die nötige Berufserfahrung in Berlin.

Als das Haus der Großeltern leer stand, reifte der Entschluss, in Meißen einen Laden für indische Waren zu eröffnen. Das großzügige Ambiente mit Wohnhaus und Gewerbeflächen war für ihre neuen Ideen wie geschaffen. Heute betreibt Dorit Suárez das Geschäft zusammen mit ihrem Mann Umar Farash, der im indischen Teil Kaschmirs geboren wurde und aufgewachsen ist. Ihre Geschäftskontakte haben sie bis nach Leipzig ausgeweitet, wo sie ihre Waren zusammen mit dem Fachgeschäft “Indigo” präsentieren.

Im Laden duftet es nach Sandelholz und Tee. Keramik, Lampen, Stoffe und Möbel lassen jeden Winkel im Haus zu einer kleinen Entdeckungsreise werden. Bei der Gestaltung geht es jedoch nicht nur um rein ästhetische Gesichtspunkte. Indien ist sehr reich an handwerklichen Traditionen. Jeder Landesteil hat seine typische Symbolik, spezielle Materialien, Fertigungstechniken und Farben. Diese kulturelle Vielfalt in Deutschland zu präsentieren und Interesse für die fremden Kulturen zu wecken, ist den beiden Inhabern besonders wichtig.

Vielfältig ist insbesondere das Textilhandwerk. An der Fertigungsart der Stücke lassen sich Brauchtum und Herkunft bestimmen. Neben aufwändig bestickten Kelims aus reiner Wolle gibt es eine schier unendliche Fülle von Geweben in dezenten und leuchtenden Farben. Letztere sollen ganz bewusst einen Kontrast zur oftmals kargen Umgebung setzen, erklärt die Indien-Expertin. Die bedruckten oder bestickten Stoffe aus Naturfasern lassen sich perfekt zu komfortablen Bekleidungsstücken vernähen, schaffen aber auch als Kissen, Überwürfe, Tischdecken oder Wandbehänge wunderschöne Farbakzente im Wohnraum. Tipp: Tradition und Moderne lassen sich besonders gut kombinieren, wenn wenige, aber gut ausgesuchte Einzelstücke platziert werden.

Rechts: Die Großeltern der Eigentümerin betrieben im Haus eine Stellmacherei. Vom Beruf des Großvaters zeugen heute noch Utensilien wie die robuste hölzerne Werkbank, auf der jetzt eine Sammlung reich verzierter indischer Glaslaternen steht.

Mitte rechts: Einen der Schränke mit prächtigen Schnitzereien hat die Geschäftsfrau selbst zum Ladentisch auserkoren. Ein Regal mit Tees fand in einer Wandnische Platz. Vor dem Schrank steht eine Schale mit Holzstempeln.

Rechts unten: Indische Kissen und Decken bestechen durch ihre wunderschönen Motive, die gedruckt oder gestickt werden und oft mit vielen aufwändigen Applikationen verziert sind.

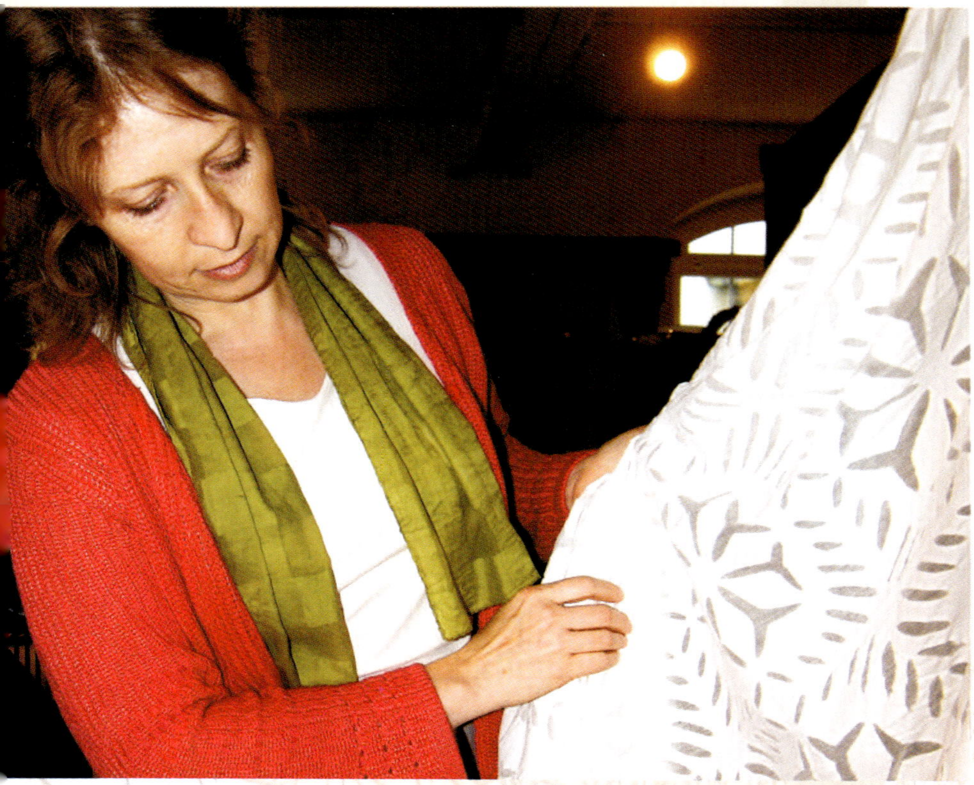

Links: Dorit Suárez entdeckt auf ihren Reisen immer wieder neue handgefertigte Textilien mit wunderschönen Strukturen oder Drucken. Viele der leuchtend bunten Motive werden heute noch aufwändig im manuellen Block- oder Siebdruckverfahren hergestellt, wobei die jeweilige Farbgebung und die Art der Motive jeweils etwas mit der landestypischen Symbolik zu tun haben.

Bei ihren Gewebearten, im Bild ein weißer Cutwork-Stoff, lassen sich indische Hersteller auch vom europäischen Geschmack inspirieren. Bei dieser Technik wird ein Muster aus dem Oberstoff ausgeschnitten und dieser dann auf einen Futterstoff (hier Baumwollorganza) aufgenäht.

Mitte links: Auch die Fülle der Keramiken und Metallarbeiten zeugen von der reichen Kultur der einzelnen Landesteile. Textilien in leuchtenden Farben runden das dekorative Ensemble ab.

Unten links: Ursprüngliche Möbelformen wie die der kleinen Truhenbank werden in Indien oft mit rustikalen eisernen Beschlägen verziert.

Unten Mitte: In die Gestaltung diverser Gebrauchsgegenstände fließen Motive aus der Mythologie oder der Tier- und Pflanzenwelt ein. So entpuppt sich ein hölzerner Elefant beim näheren Hinschauen als Entsafter.

Unten rechts: Die originelle Bank mit harmonischer runder Form und gedrechselten Füßen ist von beiden Seiten benutzbar.

Die indische Kultur gehört zu den ältesten der Erde. Einflüsse des Islam oder der Kolonialmächte hinterließen überall im Land ihre Spuren. Entsprechend hat sich das auch auf die Fertigung der Möbel ausgewirkt, die heute noch an den früheren Kolonialstil der Eroberer erinnern.

Links: Lampionblume und Korkenzieherweide in einem Gefäß mit filigraner Struktur dekorieren einen kleinen Schrank mit Vertäfelung.

Unten links: Eine mit prachtvollen Schnitzereien verzierte "Hollywood-Schaukel". Eigentlich hat diese Art der "hängenden Bank" ihren Ursprung in Indien, klärt Dorit Suárez auf.

Unten rechts: Stuhl und Beistelltisch sind in den geschwungenen Formen des 18. und 19. Jahrhunderts gefertigt.

Klein-Kanada mit Holz und Kerzen

Oben: Blick in die Kerzenwerkstatt von Helga Skiba in Kaditzsch. Hier werden Kerzen in unterschiedlichen Größen, Farben und Formen gezogen.

Rechts: Handgezogene Kerzen, geschnitztes Holz, geflochtene Kränze, bemalte Seide, Schmuckunikate und schöne alte Möbel gehen im Haus eine harmonische Verbindung ein.

Unten: Die nostalgische Kasse erinnert an die kanadische Vergangenheit der Eigentümer. Sie hat jahrelang auf dem Ladentisch der ehemaligen "Honey Tree Farm" in Kanada gestanden.

Die hier leben, haben alle ein "H" im Vornamen: Helga, Heinz, Hanna, Henning und Helen Skiba haben viele Jahre ihres Lebens in Kanada verbracht, um schließlich in Kaditzsch im Muldentalkreis heimisch zu werden. "Wir wollten gern wieder nach Deutschland zurück", erzählt Helga Skiba, die für die Rückkehr zusammen mit ihrem Mann nach einem geeigneten Haus für ihre Familie gesucht hatte. Dass sie im Muldentalkreis fündig wurden, lag auch an der idyllischen Umgebung mitten im Grünen und der guten Anbindung an die größeren Städte Grimma und Leipzig. Ihr neues Heim haben die Eigentümer durch einen Anbau aus Holz und Glas erweitert. Entstanden ist ein stilvolles und individuelles Zuhause, das in den vielen Nischen und Winkeln noch kanadische Lebensart erkennen lässt.

Helga Skiba hat ihre Kerzenwerkstatt aus der ehemaligen "Honey Tree Farm" mit nach Sachsen gebracht. Gearbeitet wurde dort ausschließlich mit echtem Bienenwachs, das als Granulat geschmolzen, auf lange Dochte gezogen und nach Bedarf eingefärbt wurde. Die traditionelle Art der Kerzenfertigung hat sie in ihrer Werkstatt in Kaditzsch beibehalten. Dazu gekommen sind geknetete Bienenwachskerzen, die von Hand geformt werden.

Am Wochenende vor dem ersten Advent veranstaltet die Familie jeweils ihr gemütliches Hausfest, zu dem Dorfbewohner und Gäste einen Blick in die Ausstellungs- und Arbeitsräume werfen und sich über kanadische Traditionen informieren können. Für Heinz Skiba, der in Leipzig als Ingenieur arbeitet, sind die Stunden, die er mit seinen Holzarbeiten verbringt, die beste Auszeit vom Arbeitsalltag. Die Hölzer für seine Arbeiten sammelt er selbst im angrenzenden Muldental. Durch intensives Schleifen wird jedes Stück zu einem bezaubernden Unikat.

Oben: Vom Arbeitstisch schaut die Kunsthandwerkerin direkt in den Garten.

Mitte: Blick auf die Arbeitsutensilien einer Kerzenzieherin. Alle Stücke bestehen aus echtem Bienenwachs, der auf Dochte gezogen und nach Bedarf auch eingefärbt wird. Besondere Formen wie die an der Wand werden gegossen.

Rechts unten: Holzschale und Bretter aus der Holzwerkstatt von Heinz Skiba.

PONS
Johannes Mario Simmel

Linke Seite oben: Der Wintergarten am Haus vergrößert den Wohn- und Essbereich und bringt die Natur ins Haus. Hier fühlen sich alle wie in "Klein-Kanada", weil es neben großen Glasflächen so viel Holz gibt. Den Esstisch hat Heinz Skiba selbst gebaut. Die vielen Bücher der Familie kommen unter der Dachschräge zum Stehen.

Linke Seite links unten: Der Hund mag das grüne Biedermeiersofa, das Freunde geschenkt haben.

Linke Seite rechts unten: Im Obergeschoss ist ein gemütlicher Fernseh- und Computerraum mit Gästezimmer entstanden, von dem man einen bezaubernden Blick in den Garten hat. Die Möbel stammen fast ausschließlich vom Flohmarkt.

Rechts: Das mehrstufige Holzpodest im Garten steht auf steinernen Pfeilern. Es schafft einen natürlichen Übergang zwischen Haus und Natur. Im Schatten der großen Bäume lässt es sich gut entspannen.

Rechts: Aus Kanada mitgebracht hat Helga Skiba den Brauch, für Freunde und Gäste einen Pie zu backen. Die Zutaten für den Teig:
1 Viertel Pfund Schweineschmalz;
2 Esslöffel Butter;
1-2 Tassen Mehl;
1 Viertel Teelöffel Salz ;
2-3 Esslöffel eiskaltes Wasser.

Die Zutaten für die Füllung:
1 Pfund Hackfleisch vom Rind und Schwein gemischt;
1 halbe Tasse Wasser;
1 große Zwiebel;
Knoblauch; Pfeffer;
1 halber Teelöffel Salz;
1 halber Teelöffel Thymian;
1 halber Teelöffel Salbei;
1 Viertel Teelöffel Senfpulver;
1 Achtel Teelöffel Nelkenpulver;
2 mittelgroße Kartoffeln; 1 Ei.

Die Zutaten für den Teig in eine Schüssel geben und möglichst schnell mit den Händen kneten, bis ein zäher Teig entsteht.

Das Hackfleisch mit den übrigen Zutaten für die Füllung vermengen und leicht (nicht braun) anbraten. Die Kartoffeln extra kochen, klein schneiden und zum Hackfleisch dazugeben. Eine Backform oder wie oben eine gläserne Pieform einfetten, den Teig ausrollen, die eine Hälfte auf dem Boden ausbreiten, die Füllung darauf streichen, dann die andere Teighälfte ebenfalls ausrollen und darauf decken. Das Eiweiß mit dem Eigelb verrühren und auf den Pie streichen. Den Backofen vorheizen und den Pie bei ca. 200 Grad etwa 20 Minuten backen und dann heiß servieren. Übrigens: Ein Pie kann auch eine süße Füllung bekommen.

Bleiglas-Zauber mit Sonnenflecken

Oben: Ein Bleiglasfenster des Chemnitzer Glaskünstlers Joachim Müller mit Ellipsenform und Rosendekor.

Rechts: Sein Arbeitstisch, auf dem ein Spiegel mit Lilienmotiv vollendet wird.

Wenn die Sonne in die Werkstatt von Joachim Müller scheint, ist der Zauber farbigen Glases allgegenwärtig. Wände und Arbeitstisch sind mit bunten Flecken besprenkelt, die den ganzen Raum zum Leuchten bringen. Kleine und größere Spiegel mit Ornamenten werfen das Tageslicht wie in einem großen Kaleidoskop in den Raum zurück.

Dabei sind sie eher unspektakulär, die Werkzeuge eines Bleiglasers. Glasscheiben, Bleisprossen, Farbfilme, Walzen, Kanten- und Bleimesser gehören dazu und ein kreativer Kopf, der immer wieder neue Formen und Farben auf die Scheiben bringt. Dass hier kein “richtiges Bleiglas” hergestellt wird, ist auch auf den zweiten Blick kaum zu merken. Statt farbigen Glases bringt der Handwerker Folien auf seine vorgezeichneten Motive auf. Die Glasscheiben werden danach beidseitig und deckungsgleich mit zarten Bleisprossen versehen. Eine haltbare Variante, die Wind und Wetter trotzt und zudem kostengünstig ist. Ein Umstand, der sogar im Denkmalschutz zunehmend Beachtung findet. Hatten einige Ämter wegen der “Folienkunst” die Nase gerümpft, ließen sie sich in den vergangenen Jahren zunehmend ein auf eine ganz neue Möglichkeit, Flurfenstern von Stadtvillen die alte Farbenpracht zurückzugeben.

Rechts oben: Müller versiegelt ein großes Lilienmotiv auf einem Spiegel mit einem Teflonstift.

Mitte und unten: Eine Bleisprosse wird aufgesetzt, das Band mit dem Messer abgetrennt, das Ende eingepasst und dann angewalzt.

Links oben und Mitte: Zwei abstrakte Motive, die Müller selbst entworfen hat.

Rechts: Ein ländliches Motiv, das auf Kundenwunsch angefertigt wurde.

Rechte Seite unten: Eine Auswahl des Farbspektrums, das dem Kunsthandwerker zur Verfügung steht. Ist eine besondere Farbe gefragt, können wie beim Malen zwei Farben übereinandergelegt werden.

Rechte Seite außen: Die stimmungsvolle Glasarbeit des filigranen und Ton in Ton verlaufenden Landschaftsbildes ist zu einer Vernissage im benachbarten Burgstädt ausgestellt worden.

Zum Brauchtum: Traditionelle Bleiglasfenster werden schon seit dem Mittelalter gefertigt. Ausschlaggebend war eigentlich das technische Unvermögen, größere Glasscheiben herzustellen. Zunächst war die Kunst des "Fensterglas-Mosaiks" nur größeren Kirchen vorbehalten. Später wurde das "Bleiglas" auch in wohlhabenden Häusern eingebaut. Wie heute auch, wurden die einzelnen Stücke in so genannte Bleiruten eingefasst, die Schnittpunkte der Streben verlötet und damit haltbar gemacht. Zunehmend entwickelte sich in den Jahrhunderten ein Kunsthandwerk mit immer aufwändigeren Motiven, in denen sich auch der jeweilige Zeitgeschmack widerspiegelte.

Die moderne Art, mit Foliesegmenten auf Glas zu arbeiten, kommt einer besonderen Form der Glasmalerei nahe, auf welche im Nachhinein Konturen aus Blei gesetzt werden. Die beidseitig und deckungsgleich aufgesetzten Bleibänder erfordern eine gewissenhafte handwerkliche Arbeit und schaffen die Illusion eines herkömmlichen Bleiglasfensters. Der künstlerische Anspruch ist wie auch bei traditionellen Techniken gegeben. Entwirft ein Glaskünstler doch seine Motive größtenteils selbst oder stellt in eigener Regie neue Fenster nach traditionellem Vorbild her.

Glasbläserei mit Tradition

Oben und rechts: Handgefertigte Stücke aus der Werkstatt des Glasbläsers Dieter Postelt.

Einzelne oder in Sammlungen ausgestellte Glasobjekte entfalten bei Licht einen unverwechselbaren Zauber.

Mit seiner besonderen Beschaffenheit wird Glas in der fernöstlichen Lehre des Feng Shui als Energiespender für bestimmte Lebensbereiche betrachtet.

Der Brenner rauscht, während der Glasbläser Dieter Postelt das Ende eines Glasrohres in der über tausend Grad heißen Flamme dreht und es so lange erhitzt, bis es zu schmelzen beginnt. Als die flüssige Konsistenz erreicht ist, setzt er einen Glasstab an, damit er das heiße Werkstück problemlos anfassen und es nun völlig schmelzen kann, bis sich eine Spitze herausziehen lässt. In die offene Seite wird nun so lange geblasen, bis die gewünschte Form, hier eine kleine Vase, entsteht. Ein Vorgang, der auch einem erfahrenen Glasbläser immer aufs Neue Fingerspitzengefühl abverlangt.

Bevor das Glas in die gewünschte Form gebracht wird, werden Blei, Borax, Pottasche und diverse Farbpartikel beigemengt. Letztere sind ein Geheimrezept und werden in jeder Werkstatt etwas anders gehandhabt. Der Harthaer selbst mag dezente Farbnuancen.

Hauptberuflich stellt Postelt im Forschungsinstitut im benachbarten Meinsberg kleine, filigrane Bauteile für Sonden her, die später in der Medizin oder im Flugzeugbau zum Einsatz kommen. Glaswaren für dekorative Zwecke fertigt er nur noch nach Feierabend und an den Wochenenden, wo er seine Tür für Besucher offen hält. Wer mag, kann dann zuschauen, wie aus Rohlingen schmale Vasen oder bauchige Weingläser geblasen, gedreht und geformt werden.

Rechts oben: In der Flamme des Brenners wird das Glas zum Schmelzen gebracht.

Mitte rechts: Vorsichtig wird eine neue Form geblasen.

Rechts unten: Der Rand der kleinen Glasvase wird verziert.

Kunsthandwerk aus Holz und Wolle

Oben: Mit "Mama Luna" und "Mutter Erde" sind die Handwerkskünste von Ines und Mike Izaber in Holz und Wolle vereint.

Rechts: Über dem Spiegel und am Treppenaufgang hängen gefilzte Kunstwerke, die Ines Izaber hergestellt hat. Mike Izaber hat den großen Kranz aus Kirsch- und Apfelzweigen geflochten, der an der Decke hängt und passend zur Jahreszeit mit dekorativen Accessoires geschmückt wird. Sammlerstücke, Bilder der Kinder und befreundeter Maler komplettieren das künstlerische Ambiente.

Unten: Originelles Pendant zum hölzernen Exemplar aus dem Erzgebirge ist ein gefilzter „Kantenhocker" von Ines Izaber.

Ines Izaber trägt seit vielen Jahren eine ganz besondere Leidenschaft in sich: Die kreative Arbeit mit Wolle bringt der Angestellten aus Simselwitz den nötigen Ausgleich zum anstrengenden Berufsalltag. Auf die Kunst des Filzens ist die zierliche Frau durch einen Workshop aufmerksam geworden, den sie vor Jahren zusammen mit ihrer Schwester besucht hatte. "Wir haben in einem Bauernhof über dem Schafstall gefilzt. Draußen regnete es in Strömen. Es roch nach Wolle und die Atmosphäre war einfach gut", erzählt sie. Aus den bunten Naturfasern, die mit Wasser und Seifenlauge verfilzt werden, kreiert Izaber nicht nur eindimensionale Kunstwerke. Auch Figürliches lässt sie aus Wolle in Kombination mit anderen Naturmaterialien entstehen.

Das Handwerk von Ehemann Mike passt perfekt dazu. Er hat den Beruf eines Möbeltischlers erlernt und restauriert mit Vorliebe schöne alte Stücke, die zusammen mit der Textilkunst seiner Frau eine individuelle Verbindung eingehen.

Rechts: Izaber hat sich an künstlerischen Wettbewerben in der Region beteiligt. Einer rief dazu auf, mit Naturwolle zu arbeiten.

Die Filzerin fertigte dafür eine große wollene Kastanie, in der ein schlafendes Männlein ruht. Es soll darauf aufmerksam machen, "dass alles im Kleinen, im Samen, im Gedanken oder im Wort beginnt".

Rechts außen und unten: Die alten Stühle hat Ehemann Mike liebevoll restauriert. Zusammen mit den handgefilzten Bezügen werden sie zu Sitzgelegenheiten, die traditionelles Handwerk und Textilkunst einzigartig miteinander verbinden.

Rechts: Eine rote gefilzte Mohnblume.

Unten links: Die Filzkünstlerin im Spiegelbild mit einem selbst gefertigten Feuersalamander.

Das, was wir mögen, in Szene setzen

Oben: Die Auswahl an Mustern, die einem Rahmenbauer zur Verfügung stehen, ist groß. Neben aufwändig verzierten und antikisierten Ausführungen gibt es auch ganz schlicht verarbeitete Profilleisten.

Rechts oben: Der Rahmenbauer Mario Perlick stellt einen großen silbernen Rahmen für einen Spiegel her, der später in einer Pension zum Hängen kommen soll.

Mitte rechts: Ein Lieblingsmotiv von den Großeltern hat Perlick restauriert und gerahmt, darunter auch ein Motiv eines befreundeten Malers.

Links unten: Ein Auftraggeber hat zwei farbenfrohe Bilder aus der Karibik mitgebracht. Perlick hat sie mit bordeauxfarbenen Rahmen versehen.

Die Werkstatt des Wermsdorfer Rahmenbauers Mario Perlick ist gleichzeitig eine Galerie. An den Wänden hängen eigene Lieblingsstücke neben solchen von Auftraggebern. Gleich nebenan gibt es einen großen Fundus an Rahmenleisten. Der kann gar nicht groß genug sein, zu unterschiedlich fallen die Kundenwünsche aus. Ausgewählte Rahmen müssen nach den Maßen des jeweiligen Bildes genau zugeschnitten, geleimt und geklammert werden. Um die Wirkung von Bildern zu erhöhen und das Motiv zu schützen, können auch Passepartouts verwendet werden.

Rechts: Auf einer Stanze werden die vier Rahmenleisten im richtigen Winkel abgeschnitten. Die Kanten müssen später von Hand entgratet und geschliffen werden, damit die Schnittstellen nicht mehr sichtbar sind.

Unten: Blick auf das Relief einer Bilderleiste. Maßarbeit ist wichtig, damit die Profile später genau aneinander passen.

Zum Brauchtum:
Sich mit Bildern und Objekten zu umgeben, ist ein Grundbedürfnis des Menschen. Nicht zuletzt drücken wir damit aus, was wir mögen. Umso wichtiger ist es, die auserwählten Motive würdig in Szene zu setzen. Bilder mit verschiedensten Materialien zu rahmen, sie damit aufzuwerten, optisch hervorzuheben aber auch zu schützen, ist ein uraltes Handwerk, das im Mittelalter vor allem von Kirchen und herrschaftlichen Häusern in Auftrag gegeben wurde.

Heute gibt es eine schier unendliche Fülle an gefrästen, farbig gestalteten oder anderweitig verzierten Rahmenleisten aus Holz, Aluminium oder Kunststoff. Die richtige Wahl der Farbe, Form und Beschaffenheit der Materialien kann ganz wesentlich zum optischen Eindruck beitragen, den ein Bild dem Betrachter vermitteln soll. Ob in knalliger Schockfarbe, verspieltem Barock oder glatt und modern, hängt vom persönlichen Geschmack ab. Andererseits sollten aber wesentliche Bild- oder Raumelemente aufgegriffen werden, um zu einem harmonischen Ergebnis zu kommen.

Linke Seite: Bevor ein Bild gerahmt wird, werden verschiedene Kombinationen ausprobiert. Gut, dass der Rahmenbauer dafür solch einen Riesenbestand an Bilderleisten parat hat, der mit den Jahren immer weiter angewachsen ist.

Rechts oben: Ein Galeriestillleben mit Spiegel, Bildern und Leisten neben einem wunderschönen gusseisernen Ofen. Perlick sammelt alte Stücke, mit denen er Büro und Werkstatt einrichtet. Das Spiegelglas hatte ein Bekannter versehentlich eingekauft. Der Wermsdorfer hat dazu später den passenden barocken Rahmen gebaut.

Unten: Ein modern gerahmtes Plakat neben einer antiken und verzierten Kasse. Starke Kontraste zwischen Objekten, Bilderleisten und Motiv nutzt der Handwerker, um verschiedene Gestaltungsmöglichkeiten zu demonstrieren.

Alt und Neu kombiniert

Oben: Mit Kissen, Decke, Lampe und Übertopf wird im Leisniger Laden von Carmen Plötz ein alter Stuhl in Szene gesetzt.

Rechts: Ein Küchenschrank vom Trödler, der einen neuen Anstrich bekommen hat, beherbergt jetzt Geschirr und Gläser. Die zarten Dekore der Tassen und Teller passen perfekt dazu.

Alt und neu zu mixen, liegt im Trend. Wichtig: Wenigstens eine Eigenschaft (Farbe, Form, Verarbeitung, Größe) sollten die Stücke gemeinsam haben, damit sich ein harmonisches Ensemble ergibt.

Unten: Ein Küchenstuhl mit lindgrünem Chiffonschal sorgt für Frühlingsstimmung. Schon einzelne Farbtupfer können den Charakter einer Umgebung völlig verändern.

Vieles von dem, was Carmen und Matthias Plötz in ihrem Leisniger Laden in Szene setzen, stammt vom Flohmarkt und vom Sperrmüll. Mit neuem Interieur komplettiert, wird ein ganz eigener Stil daraus.

Tipp: Neben dem obligatorischen Schleifen oder Abätzen alter Farbe können alte Möbel auch durch einen neuen Anstrich ein ganz neues Outfit bekommen. Küchenbuffet, Tisch und Stühle im Laden stammen vom Trödler. Mit weißer Acrylfarbe angestrichen, erstrahlen die Stücke in neuem Glanz und bilden den passenden Rahmen für Geschirr und Gläser. Zur besseren Haltbarkeit können die Möbel noch mit mattem oder glänzendem Lack versiegelt werden.

Möbel im "shabby shick" stellt man her, indem man mehrere Schichten mit möglichst natürlichen Farben in unterschiedlichen Nuancen aufträgt und die obere Lage jeweils vorsichtig abschleift, bis die untere Schicht an einigen Stellen wieder sichtbar wird.

Rechts: Originelle Einzelstücke wie die antike Sitzwanne sind nicht nur funktionell, sondern auch dekorativ.

Unten: Der alte Küchenherd ist ein Fundstück. Der Sessel hat durch eine selbst genähte Husse* von Carmen Plötz ein ganz neues Outfit bekommen. Einen perfekten Kontrast dazu setzt das Karo der Fußbodenkacheln.

* Eine „Husse" ist ein praktischer und zugleich dekorativer Schonbezug für ein Möbelstück. Da die einzelnen Flächen meist geometrisch sind, kann der Schnitt recht einfach mit Zeitungspapier abgenommen werden. Wichtig: An den Kanten mindestens vier bis fünf Zentimeter Rand zugeben. Die einzelnen Stücke anschließend zusammennähen und links versäubern. Geeignet sind vor allem dicht gewebte und strapazierfähige Baumwoll- und Leinenstoffe.

Linke Seite: Alte Häuser wie das am Leisniger Markt haben oft architektonische Besonderheiten, die den Räumen einen besonderen Charme verleihen und perfekt in die Innengestaltung einbezogen werden können. Bis zur Decke reichen hier die Rundbögen. Sie tragen das Obergeschoss.

Im Laden ist ein kleines, gemütliches Café entstanden. Die Mauervorsprünge haben die Pächter zum Dekorieren genutzt. Lampen in den Nischen tauchen den großen Raum in ein stimmungsvolles Licht.

Rechts oben: Alte Betten wie dieses Exemplar aus Metall eignen sich hervorragend zum Relaxen und können ganz leicht zum Sitzmöbel umfunktioniert werden, wenn Decken und Kissen in kräftigen und wohnlichen Farben darauf gelegt werden.

Mitte rechts: Blumen im Raum sind immer ein Blickfang. Neben den hier gezeigten Körben und antikisierten gusseisernen Modellen sind auch kleine Eimer, Wannen oder Sektkühler als Übertopf geeignet.

Tipp: Folie einlegen, damit nichts durchläuft und bei größeren Gefäßen (zum Beispiel Wannen) einfach mehrere kleine Pflanzen derselben Art einsetzen. Ideal sind aber auch duftende Kräuter, die gleichzeitig zum Würzen von Speisen genutzt werden können.

Rechts unten: Weiches Kerzenlicht eignet sich hervorragend für gemütliche Feierabendstunden. Das dem amerikanischen Shakerstil nachempfundene Modell mit zarten Armen kann ganz einfach jahreszeitlich dekoriert werden: Einen Kranz aus Stroh oder Zweigen auflegen, Kräutersträuße anhängen oder zum Jahresende mit weihnachtlichem Dekorationsmaterial schmücken.

Flügel, Klaviere und Hausmusik

Oben: Ein restaurierter Flügel mit Schnitzereien, weißem Schleiflack und goldenen Verzierungen ist zugleich ein edles Möbelstück.

Rechts: Zusammen mit Ehefrau Glenis, hier an einem Seiler-Flügel, betreibt der Klavierbauer Andreas Sens eine Werkstatt, in der alte Klaviere und Flügel restauriert werden.

Diese wurden viele Jahre lang recht lieblos behandelt und stehen erst seit wenigen Jahren hoch im Kurs. Heute besinnt man sich wieder auf alte Traditionen und gemütliche Runden mit Hausmusik.

Andreas Sens ist der Mann, der Stege, Hämmerchen, Dämpfung und Saiten unter die Lupe nimmt und die ganze Mechanik wieder bespielbar machen kann, auch wenn das keiner mehr glauben mag, der selbst ein altes und längst abgeschriebenes Klavier in einer verstaubten Ecke stehen hat. Wenn der Klavierbauer und leidenschaftliche Sammler seine zerschrammten und verstimmten „Kinder“ in alten Schulhäusern, ausgedienten Speichern oder Lagerhäusern abholt, haben sie meist schon eine lange und abenteuerliche Geschichte hinter sich. „Eines habe ich direkt vorm Abtransport in den Container gerettet“, erzählt er.

Schon oft hat der Experte ausgeholfen, wenn Not am Mann war und der richtige Flügel fehlte. Er kann gut einschätzen, welche Qualität die Zuhörer dort erwarten und wie enttäuscht diese sind, wenn anspruchsvolle Klavierstücke wie „simples Geklimper“ klingen, weil Klangfülle und Resonanz fehlen.

Mit seiner Frau Glenis lebt der Handwerker heute umgeben von einem beeindruckenden Bestand von mehr als achtzig restaurierten Klavieren und Flügeln in einem Mehrfamilienhaus in Mülsen, St. Jacob. Klaviere, erklärt er, sind heutzutage nicht nur Tasteninstrumente, sondern auch Möbel. Wen wundert's, dass seine restaurierten Schmuckstücke nicht nur durch ihre Klangfülle, sondern nicht selten auch durch die außergewöhnliche Farbe des Schleiflackes, die Art der Schnitzereien oder die goldene Verzierung bestechen.

Oben: Andreas Sens hat ein Faible für ausgefallene Farben. Viele Jahre war sein strahlend blau lackierter Stutzflügel der Anziehungspunkt auf Messen und Ausstellungen. Heute steht das auffällige Tasteninstrument im Zwickauer Brauhaus.

Unten: Blick in das Innenleben eines Seiler-Flügels. Ein Klavier hat über zweihundert solcher Stahlsaiten. Bereits Anfang des 18. Jahrhunderts wurde das erste moderne Exemplar gebaut und dann von verschiedenen Firmen im In- und Ausland in den folgenden Jahrhunderten immer weiter verfeinert.

Oben: Ein restaurierter Flügel aus der Werkstatt des Klavierbauers, der bei Musikliebhabern ein neues Zuhause bekommen hat. Das Aufbringen des dunklen Lackes in mehreren Schichten und das anschließende Schleifen bildet die Grundlage für den besonderen Glanz.

Unten: Blick in das Innenleben eines alten Flügels. Unzählige Handgriffe sind nötig, bevor ein solch ramponiertes Exemplar wieder bespielt werden kann.

Seine Lehre hat Andreas Sens in einer Zeit absolviert, in der die Ausbildung für andere Jugendliche wenig attraktiv erschien: “In den ersten Lehrjahren wurde fast nur Lack abgezogen und Teile von Hand geschliffen”, erinnert er sich.

Die Liebe zum Beruf ist trotzdem geblieben. Experimentierte Sens in den vergangenen Jahren gern mit ungewöhnlichen Farben, so haben es ihm jetzt Funktion und Form angetan. Der Tüftler ist dabei, ein Kinderklavier zu bauen, viel leichter und kleiner als sein „erwachsenes Pendant“. Dafür wird die Gussplatte im Inneren durch eine aus Leichtmetall ersetzt und die Tastatur um einige Zentimeter verkürzt, erklärt er. Der Klangfülle schade das nicht, weil nur wenige Anfänger auf ganz hohe oder tiefe Töne zurückgreifen. Viel entscheidender seien Gewicht und Größe, wenn eine solche Erstanschaffung für ein Kinderzimmer geplant werde, das meist auch noch in den oberen Stockwerken liege. Das kleine Klavier wird auch außen kindgerecht gestylt und soll in fröhlichen bunten Farben auf den Markt kommen.

Andreas Sens hat seine Frau Glenis in die Geheimnisse des Klavierbaues eingeweiht. In den vergangenen Jahren ist die studierte Chemikerin ebenfalls zur Fachfrau für Klaviere und Flügel geworden.

In ihrem Heimatland Indien würde ein solches Instrument nicht lange überleben. Durch die hohe Luftfeuchtigkeit würden die hölzernen Teile schnell aufquellen.

Und dann kam eine Nachbarin mit einer alten Kanne

Oben und rechts: Die Blaumalerin Elisabeth Rohmann aus Regis-Breitingen verziert Kannen, Krüge, ländliches Interieur und Möbel mit traditionellen Motiven in frischen Farben.

Elisabeth Rohmann hat sich im Erdgeschoss ihres über zweihundert Jahre alten Hauses in Regis-Breitingen eine Werkstatt eingerichtet und der Blaumalerei verschrieben. Rustikale Gebrauchsgefäße aller Art werden von der gelernten Dekorationsmalerin liebevoll mit den traditionellen Motiven verziert.

Das ländliche Anwesen mit Haus und Grundstück, in dem Rohmann lebt und arbeitet, hat sie von ihren Großeltern übernommen. Der Hof hat schon einiges an Geschichte erlebt, ist in der Zeit nach dem Napoleonkrieg erbaut und vom Großvater gekauft worden, der damals ein Grundstück mit viel Land zum Bewirtschaften gesucht und es hier am Ortsrand gefunden hatte. Heute ist das Anwesen immer noch in Familienbesitz. Mutter und Onkel leben in den Nachbarhäusern.

Die Kunst der Blaumalerei hat die kreative Frau eher zufällig für sich entdeckt. Die Technik des Farbenmischens und Glasierens hatte sie viele Jahre vorher schon in einer Töpferei erlernt. Dass sie malte, war im Ort bekannt, und so kam eines schönen Tages eine Nachbarin mit einer alten Kanne, die verziert werden sollte. „Das Stück war gelungen. Zudem hatte mir die Arbeit großen Spaß gemacht", erinnert sich Rohmann. Seitdem hat die Malerei einen festen Platz in ihrem Leben. Eine Werkstatt wurde im Erdgeschoss eingerichtet. Zu kleineren Stücken gesellten sich mit der Zeit auch Truhen und Schränke. Neben strahlenden Blau-, Grün- und Rottönen finden sich immer wieder traditionelle ländliche Motive. Mitunter steht die Malerin sogar nachts auf, um eine Idee auszuprobieren oder eine begonnene Arbeit zu vollenden.

Oben rechts: Eine Augenweide sind die prächtig verzierten Ostereier mit frischen roten, grünen und blauen Mustern.

Mitte rechts: Eine alte Milchkanne hat durch ein traditionelles Delfter Muster mit Windmühlenmotiv ein frisches Aussehen bekommen.

Unten rechts: Dass die blau-weiß gepunkteten Teller nicht nur dekorativ, sondern auch äußerst bequem sind, hat die Hauskatze für sich entdeckt, die für ihren Mittagsschlaf am Fenster extra ein weiches blaues Kissen bekommen hat.

Links: Wohnen und Arbeiten bilden hier eine untrennbare Einheit. Gleich neben dem Bett steht die Staffelei. Eine umfangreiche CD-Sammlung sorgt für die richtige Atmosphäre beim Malen. Überall dominieren frische Farben. Die Wände im Erdgeschoss hat die Malerin mit eigenen Motiven dekoriert.

Unten links: Blick auf den Computer-Arbeitsplatz in der gemütlichen Stube im Erdgeschoss. Kreativ tätig war Rohmann schon immer. Vor Jahren hat sie in einem Studio für bildende Kunst in Leipzig gearbeitet, später in einer Töpferei in der Region. Die naturverbundene Frau liebt den Umgang mit Ton und Glasuren. Besonders gern mag sie weiche Naturtöne und traditionelle Motive.

Unten rechts: Ihre Liebe zur Natur lässt Rohmann jede Minute im Freien verbringen. Sträucher und Bäume im eigenen Garten bekommen durch frische Farbmuster zu Ostern ihre eigene Note.

Rechts oben, Mitte und unten: Gleich beim Betreten des Grundstückes erkennt man die Handschrift der Malerin. Gießkanne, Briefkasten und Milchkannen vor dem Wohnhaus leuchten in Azurblau mit weißen Punkten.

Ganz rechts unten: Ihre filigranen Muster trägt Rohmann mit feinen Pinseln aus Naturhaar auf. Für jedes Motiv verwendet sie einen ganz bestimmten. Die leuchtenden Acrylfarben werden für eine lange Haltbarkeit anschließend mit Lack versiegelt.

Anschriften/Bezugsquellen

8-13
Architekt Ralf Pörschke
Obere Dorfstraße 35
01723 Helbigsdorf-Blankenstein
Tel.: 035209/21684

14-21
Architekturbüro Michael Thiel
Hauptstraße 1
01623 Ziegenhain
Tel.: 035246/50850

22-31
Priv. Immobilien S. Weißflog GmbH
Dresdner Straße 14, 04720 Döbeln
Tel. 03431/715052;
Planungsbüro für Hoch- und Ingenieurbau GmbH
Dipl.-Ing. Steffen Salzmann
Straße des Friedens 27
04720 Döbeln
Tel.: 03431/6021924

32-35
Restaurierungen Jungk GmbH
Zur Ponicke 2
04668 Ostrau
Tel.: 034386/41222

36-39
Gasthof Tautendorf
Tautendorf 12,
04703 Leisnig
Tel.: 034321/51210

40-43
Jan Körner, Zimmerer und Sachverständiger für Holzschutz,
Bergstraße 4
04643 Frankenhain
Tel.: 034341/33566

44-47
Jagdhaus Kössern,
Dorfstraße 1
04668 Großbothen/OT Kössern
Tel.: 034384/73931
www.jagdhaus-koessern.de

48-51
Keramikgut Naunhof
Breite Straße 7, 04683 Naunhof
Tel.: 034293/44434

52-53
Newland-Immobilien-Delitzsch
Ingrid Rothe
Vierzehner Reihe 30 A
04509 Delitzsch/OT Schenkenberg
Tel.: 034202/300668

54-59
Gemeinde Zschadraß
04680 Zschadraß/
OT Hausdorf
Hauptstraße 38
Tel.: 034381/831-00

60-67
Zimmerei Heinemann
Rabis Nr. 22
07646 Schlöben
Tel.: 036428/41062
www.heinemann-haus.de

68-71
Keramikatelier
Frank Brinkmann
04668 Schaddel, Nr. 3
Tel.: 034384/71202

72-79
Joachim Friedel
Dorfstraße 21
04651 Bad Lausick
Tel.: 034381/53909

80-83
Kreativhaus Ziegler
Lange Straße 50
04668 Grimma
Tel.: 03437/913964

84-87
Keramikatelier Birgit Heitmann
Dorfstraße 16 A
OT Großbuch/
04668 Otterwisch
Tel.: 034345/92204

88-91
Lehmbau Wolfram Walther
Am Mühlteich 6
04651 Bad Lausick/OT Beucha
Tel.: 034345/55799
www.lehmprofi.de

IM EINKLANG
Praxis für Entspannung,
Klang, Heilung
Isa Pfefferle-Walther
Am Mühlteich 6
04651 Bad Lausick/OT Beucha
Tel.: 034345/52432
www.praxis-im-einklang.de

92-95
Matthias Weber
Dr.-Fankhänel-Straße 26
04720 Simselwitz
Tel.: 03431/679945

96-99
Hofladen Gut Gadewitz
04720 Großweitzschen/
OT Gadewitz
Nr. 10
Tel.: 03431/704004

100-103
Schafskäserei Elbisbach
Petra Brauns,
Oliver Seidel
Tongrubenweg 7
04651 Eulatal
Tel.: 034345/55584

104-107
Gasthaus Taverne
Schloßstraße 7
04703 Leisnig
Tel.: 034321/50426
www.taverne-leisnig.de

108-109
Partyservice Richter
Hetzdorf 6
04703 Bockelwitz
Tel.: 034321/14488

112-113
Floristik Heidi Gropp
Zschockau Nr. 5
04703 Bockelwitz
Tel.: 034321/68020

114-117
Kräuter Undine Myja
Zschochauer Str. 11
04749 Ostrau /
OT Pulsitz
Tel.: 034324/23256

Landschaftsplanungsbüro
Dr. Bormann & Partner GmbH
Marktgasse 7, 04668 Grimma
Tel.: 03437/911156
www.dr-bormann.de

118-121
Kräuterhof Falkenhain
Karl-Marx-Straße 24
04808 Falkenhain
Tel.: 034262/44949
www.kraeuterhof-falkenhain.de

122-125
Gartengestaltung
Dieter Vogel
Lindenstraße 27
01683 Nossen
Tel.: 035242/64352

128-131
Eisenmanufactur Balzke
Schmiedegasse 3
01623 Ketzerbachtal
Tel.: 035246/50609

132-135
Sandsteinwerkstatt B. Männel
Grundstr. 46
01326 Dresden
Tel.: 0351/2640755

136-139
Möbeltischlerei & Design
Falk Franke
Albertstraße 39
09212 Limbach-Oberfrohna
Tel.: 03722/95074

140-145
Historische Baustoffe -
Bergezentrum Trebsen
Fabrikstraße 5, 04687 Trebsen
Öffnungszeiten:
Die und Do 10-18 Uhr,
Sa 10 - 16 Uhr;
Tel.: 034383/62617

146-149
Auktionshaus Schönau, K. Bossard
Zwickauer Straße 224, 09116 Chemnitz
Tel.: 0371/8577437
www.auktionshaus-schoenau.de

Bossard-Antik im Rittergut
Lichtenwalde, Schlossallee 7,
09577 Niederwiesa
Tel.: 037206/88425
www.bossard-antik.de

150-155
Wundervolle Weihnachtswelt/
OT Strocken Nr. 22
04720 Großweitzschen
www.wundervolle-weihnachtswelt.de
Tel: 034362/35390

156-161
Kreativ- & Patchworkbude
Ingeborg Walter
Schulstraße 3
14913 Wahlsdorf
Tel.: 033745/50296

162-165
Raumausstattung
Rufus Haubner
Bismarckstraße 8
01683 Nossen
Tel.: 035242/62141

166-169
Restauration
Renate König
Siedlerstraße 1a
04720 Döbeln
Tel.: 0172/3668797

170-173
Das Tor, Dorit Suárez
Zaschendorfer Straße 3
01662 Meißen
Tel.: 03521/733837
www.DasTor.de

Das Tor & Indigo
Ratsfreischulstraße 8, 04109 Leipzig
Tel.: 0341/3029233

174-177
Holz- und Kerzenwerkstatt Skiba
Höfgener Straße 14
04668 Grimma
Tel.: 03437/761079

178-181
Glasatelier Joachim Müller
Kappelbachgasse 10
09116 Chemnitz
Tel.: 0371/306448

182-183
Glasbläserei Dieter Postelt
Nordstr. 11
04746 Hartha
Tel.: 034328/38427

184-185
Holzwolle Ines und Mike Izaber
An der Linde 6A
04720 Simselwitz
Tel.: 03431/618686

186-189
Galerie Perlick
Grüner Weg 17
04779 Wermsdorf
Tel.: 034364/52817

190-193
Wohnen mit Genuss
Carmen Plötz
Markt 15
04703 Leisnig
Tel.: 034321/50185

194-197
Klavierbaumeister Andreas Sens
Thurmer Hauptstraße 24
08132 Mülsen
Tel.: 037601/2814

198-201
Blaumalerei Elisabeth Rohmann
Am Schäferbrunnen 3
04565 Regis-Breitingen
Tel.: 034343/52525

Dieses Projekt wird unterstützt von:

Bildnachweis

Titelfoto und Fotos der Einführungen in die einzelnen Themenbereiche:

1
Dachzimmer im Wohnhaus
von Axel Jungk, Ostrau;
Foto: Elke Börner

2, 3
Quilt der "Kreativbude" Wahlsdorf;
Foto: Elke Börner

4
Esszimmer im Wohnhaus
von Axel Jungk, Ostrau;
Foto: Elke Börner

6, 7
Eingang zum Gasthaus Tautendorf;
Foto: Elke Börner

112
Grit Nitzsche im Garten ihres
Kräuterhofes in Falkenhain;
Foto: Elke Börner

128
Spinnstube der "Kreativbude" Wahlsdorf; Foto: Elke Börner

Diese Seite
Kannen auf dem Hof der
Schafskäserei Elbisbach;
Foto: Elke Börner

Fotos Katrin Schädlich:

54-59
Fotos von Wasserturm und Kirche der
Gemeinde Zschadrass;

72-79
Fotos vom Musikhof Joachim Friedel in
Thierbaum;

110-111
Fotos vom Partyservice Richter in
Hetzdorf;

Fotos aus dem Fundus der Teilnehmer:

43
Giebelfoto des Hofes Frankenhain:
Jan Körner, Zimmerer und Sachverständiger für Holzschutz;
Bergstraße 4
04643 Frankenhain

44, 45
Fotos Jagdhaus Fassade und großer
Saal: Jagdhaus Kössern;
Dorfstraße 1
04668 Großbothen / OT Kössern

88, 91
S. 91 li. unten kl. Foto Fachwerk
und S. 91 re. unten Praxisliege;
Fotos : IM EINKLANG
Isa Pfefferle-Walther
Am Mühlteich 6
04651 Bad Lausick / OT Beucha

99
Foto Mitte vom Hofladen:
Hofladen Gut Gadewitz
OT Gadewitz Nr. 10
04720 Großweitzschen

106
Taverne Leisnig, Frontansicht;
Foto: Gasthaus Taverne
Schloßstraße 7
04703 Leisnig

134, 137
S. 134 li. unten Ginkgoblatt;
S. 135 Eule und Igel aus Sandstein;
S. 137 Eule, Eidechse aus Sandstein;
Fotos: Sandsteinwerkstatt B. Männel
Grundstraße 46
01326 Dresden

138-141
Fotos aller Möbel:
Möbeltischlerei & Design
Falk Franke
Albertstraße 39
09212 Limbach-Oberfrohna

196-199
S. 196 li. oben weißer Flügel;
S. 197 re. oben blauer Flügel;
S. 198 oben und unten;
Fotos: Klavierbaumeister Andreas Sens
Thurmer Hauptstraße 24
08132 Mülsen

Alle übrigen Motive wurden von der Autorin Elke Börner fotografiert.

Hinweis:

Alle Informationen und Hinweise in diesem Buch wurden von der Autorin nach bestem Wissen erarbeitet und zusammen mit den Teilnehmern des Buches und einer Lektorin mit größtmöglicher Sorgfalt überprüft. Für trotzdem entstandene fehlerhafte Angaben oder Auslassungen kann der Verlag keinerlei Verpflichtung bzw. Haftung übernehmen. Konstruktive Korrekturhinweise sind trotzdem immer willkommen und werden in der nächsten Auflage gern berücksichtigt.